山西省委宣传部2023年重点选题

代化丛书

资源型地区现代化

安树伟◎主编

张晋晋◎著

山西出版传媒集团
SHANXI PUBLISHING MEDIA GROUP

山西经济出版社

图书在版编目（CIP）数据

资源型地区现代化 / 张晋晋著. -- 太原：山西经
济出版社，2024.12. --（区域现代化丛书 / 安树伟主
编）. -- ISBN 978-7-5577-1397-3

Ⅰ. F127

中国国家版本馆CIP数据核字第20247EG659号

资源型地区现代化
ZIYUANXING DIQU XIANDAIHUA

著　　者：	张晋晋
出 版 人：	张宝东
选题策划：	侯轶民
责任编辑：	岳子璇
装帧设计：	华胜文化
出 版 者：	山西出版传媒集团·山西经济出版社
地　　址：	太原市建设南路21号
邮　　编：	030012
电　　话：	0351—4922133（市场部）
	0351—4922085（总编室）
E-mail：	scb@sxjjcb.com（市场部）
	zbs@sxjjcb.com（总编室）
经 销 者：	山西出版传媒集团·山西经济出版社
承 印 者：	山西出版传媒集团·山西人民印刷有限责任公司
开　　本：	787mm×1092mm　　1/16
印　　张：	16.25
字　　数：	223千字
版　　次：	2024年12月　第1版
印　　次：	2024年12月　第1次印刷
书　　号：	ISBN 978-7-5577-1397-3
定　　价：	68.00元

习近平总书记在党的二十大报告中指出："以中国式现代化全面推进中华民族伟大复兴……从二〇二〇年到二〇三五年基本实现社会主义现代化；从二〇三五年到本世纪中叶把我国建成富强民主文明和谐美丽的社会主义现代化强国。"中国式现代化是世界文明进步运动在中国的生动实践，具有人口规模巨大、全体人民共同富裕、物质文明和精神文明相协调、人与自然和谐共生和走和平发展道路五个鲜明特征。改革开放45年来，中国经济取得了举世瞩目的成绩，综合国力显著提升。1978～2022年，国内生产总值由3679亿元增长到1204724亿元，一般公共预算收入由1132亿元增长到203703亿元，人民生活水平稳步提高，2022年全国居民人均可支配收入达到36883元。产业基础更加牢靠，产业体系更加完备，是全世界唯一拥有联合国产业分类中全部工业门类的国家。基础设施更加完善，已经建成发达的现代化综合交通体系，2022年全国铁路营业里程达到15.5万千米（其中高铁营业里程4.2万千米）、高速公路里程17.73万千米、公路密度55.78千米/百平方千米，一次能源生产总量达到46.60亿吨标准煤、发电装机容量达到25.64亿千瓦，为全面建设社会主义现代化强国奠定了坚实的物质基础。

我们也应该看到，在实现中国式现代化进程中也面临着其他国家都不曾有过的问题。第一，老龄化程度不断加深，总人口开始减少。中国有超过14亿人的人口，在未来较长时间内超大规模的市场优势依然存在，但是2022年中国65岁及以上人口所占比重为14.9%、老年抚养比为21.8%。同时，中国人口总量开始减少，2022年全国人口比上年减少85万人，2023年又比上年减少208万人。第二，城乡居民收入差距依然较大。到2020年，中国虽然解决了现行标准下农村绝对贫困人口的温饱问题，但城乡居民收入差距依然较大，2022年全国城乡居民人均可支配收入之比为2.45∶1（农村居民=1），全国居民按五等份分组的高收入户（20%）人均可支配收入为90116.3元，是低收入户（20%）的10.48倍。第三，生态环境治理成效尚不稳固，生态环境状况依然不容乐观。大气污染综合治理仍需加强，2022年中国生态质量指数（EQI）值为59.6，生态质量为二类。2022年全国有213个城市空气环境质量达标，占全部地级及以上城市数量的62.8%，部分重要生态空间仍然被侵蚀，局部地区生态功能退化较严重。2021年全国水土流失动态监测成果显示，全国水土流失面积267.42万平方千米。第六次全国荒漠化和沙化调查结果显示，截至2019年底全国荒漠化土地面积为257.37万平方千米、沙化土地面积为168.78万平方千米。第四，区域经济布局与人口、资源分布匹配度低。改革开放以来，中国制造业、生产性服务业和劳动力不断向东部地区集聚，导致能源原材料的市场消费地与富集区的空间错位更加突出，使重要能源矿产资源出现长距离调运和工业品、农民工大规模跨地区流动。尤其是2013年以来，中国区域发展分化态势明显，经济重心逐步南移，中国在还没有妥善解决东西差距的同时，又面临着缩小南北差距的挑战。第五，面临着一定的外部挑战，不确定、难预料因素增多。中国资源供给存在明显短板，油气对外依存度较高，国内关键战略物资储备能力有限。2020年中国石油生产量约为19477万吨，仅占消费总量的29.8%。现阶段，中国部分关键元器件、零部件、原材料依赖进口，关键产业技术仍然面临被发达国家"卡脖子"的风险。

正如习近平总书记在党的十九大报告中指出的，"我国仍处于并将长期处于社会主义初级阶段的基本国情没有变，我国是世界最大发展中国家的国际地位没有变"。发展仍然是中国解决一切问题的基础和手段，是实现中国式现代化的重要途径。这就要求我们要处理好人口发展面临的突出问题，优化人口结构，大力发展养老事业和养老产业，建设老年友好型社会，让全体老年人享有基本养老服务。全力抓好粮食生产和重要农产品供给，牢牢守住保障国家粮食安全底线，将中国人的饭碗牢牢地端在自己手里。提升生态系统的多样化、稳定性和持续性，划定生态保护红线，完善生物多样性保护网络，增强水资源刚性约束和战略储备，实施山水林田湖草沙一体化保护修复，实现人与自然和谐共生。促进人口减少城市空间紧凑布局，形成优势互补、高质量发展的区域经济布局和国土空间体系。实现重要产业、基础设施、战略资源、重大科技等关键领域安全可控，不断增强经济实力和综合国力。

中国幅员辽阔、人口众多，各地区自然资源禀赋差别之大在世界上是少有的，不同地区实现现代化的内涵既有相同之处，也有鲜明的特色差异。为了深入研究中国区域的现代化问题，积极服务国家发展战略，面向科学问题，概括提炼中国式现代化的区域经济理论，我们策划了这套区域现代化丛书，试图从黄河流域、资源型地区、后发省域、城市群等角度，研究探讨区域现代化的内涵、特征、战略任务、实现路径和政策保障，为实现中国式现代化贡献力量。

安树伟

首都经济贸易大学二级教授、博士生导师

第十章　宿州市实现现代化的思路与重点 / 211

第一章

我国资源型
地区的分布
特征与面临问题

资源型地区是依托本地区矿产、森林等自然资源开采、加工发展起来的特殊类型区域，是我国资源能源的集中分布区和基础化工业的主要集聚区，其形成和发展与工业化进程密切相关。在中国经济发展历程中，资源型地区作为我国重要的基础能源和重要原材料供应地，是国民经济持续健康发展的重要支撑。推进资源型地区实现现代化，是维护国家资源能源安全的重要保障，是健全区域协调发展体制机制的重要环节，是实现中国式现代化的必然要求。

一、我国资源型地区的分布

2013年11月，国务院印发《全国资源型城市可持续发展规划（2013—2020年）》，确定全国资源型城市共有262个，其中地级行政区（包括地级市、地区、自治州、盟等）126个、县级市62个、县（包括自治县、林区等）58个、市辖区（开发区、管理区）16个。为了便于分析和比较，本书的资源型地区以地级行政区为基本单元，这样全国共有126个资源型地区，不过，2019年1月，国务院批复同意山东省调整济南市、莱芜市行政区划，撤销莱芜市，将其所辖区域划归济南市管辖，由此，我国的资源型地区剔除莱芜市，共为125个。2021年，全国共有地级行政区333个，资源型地区占全国地级行政区总数的37.54%。由于矿产及森林等自然资源分布的先天不均衡性，导致资源型地区在我国区域间的分布存在很大差别。

（一）资源型地区在省份间的分布

我国资源型地区在各省（自治区、直辖市）间的分布存在较大差

异，且在各省（自治区、直辖市）的分布也相当广泛（马克，李军国，2015）。2021年，资源型地区分布于我国25个省（自治区），占我国大陆31个省（自治区、直辖市）的80.65%；拥有资源型地区较多的省份是山西、四川、安徽、黑龙江、河南、云南和甘肃，这7个省份的资源型地区总数达到59个，占全国资源型地区总数的47.2%；拥有资源型地区较少的省份是浙江、青海、宁夏、江苏、广东、湖北、福建、广西和新疆，这9个省（自治区）的资源型地区总数仅为18个，占全国资源型地区总数的14.4%（表1-1）。从资源型地区占全省域内地级区划数的比重看，2021年，山西省是资源型地区所占比重最高的省份，全省11个地级市，10个属于资源型地区，资源型地区占全省地级区划总数的90.91%，依次排列，黑龙江占69.23%、吉林占66.67%、陕西占60%、安徽占56.25%、贵州占55.56%、甘肃占50.0%、四川占47.62%、河北占45.45%、江西占45.45%、云南占43.75%、辽宁占42.86%、内蒙古占41.67%、河南占41.18%，这14个省（自治区、直辖市）的资源型地区总数占所在省域内地级区划数的比重均超过40%。由于资源型地区在这些省份分布较为集中，其发展的好坏在很大程度上影响着整个省（自治区、直辖市）的经济社会发展。

表1-1　2021年我国资源型地区在各省（自治区、直辖市）的分布

地区	所在省（自治区、直辖市）	成长型	成熟型	衰退型	再生型
东部（19）	河北（5）	—	张家口、承德、邢台、邯郸	—	唐山
	江苏（2）	—	—	—	徐州、宿迁
	浙江（1）	—	湖州	—	—
	福建（3）	—	南平、三明、龙岩	—	—
	山东（6）	—	东营、济宁、泰安	枣庄	淄博、临沂
	广东（2）	—	云浮	韶关	—

地区	所在省（自治区、直辖市）	成长型	成熟型	衰退型	再生型
中部（37）	山西（10）	朔州	大同、阳泉、长治、晋城、忻州、晋中、临汾、运城、吕梁	—	—
	安徽（9）	—	宿州、亳州、淮南、滁州、池州、宣城	淮北、铜陵	马鞍山
	江西（5）	—	赣州、宜春	景德镇、新余、萍乡	
	河南（7）	—	三门峡、鹤壁、平顶山	焦作、濮阳	洛阳、南阳
	湖北（2）	—	鄂州	黄石	
	湖南（4）	—	衡阳、郴州、邵阳、娄底		
西部（48）	内蒙古（5）	呼伦贝尔、鄂尔多斯	赤峰	乌海	包头
	广西（3）	贺州	百色、河池	—	—
	四川（10）	南充	广元、广安、自贡、攀枝花、达州、雅安、凉山彝族自治州	泸州	阿坝藏族羌族自治州
	贵州（5）	六盘水、毕节、黔南布依族苗族自治州、黔西南布依族苗族自治州	安顺		
	云南（7）	昭通、楚雄彝族自治州	曲靖、保山、普洱、临沧		丽江
	陕西（6）	延安、咸阳、榆林	渭南、宝鸡	铜川	
	甘肃（7）	武威、庆阳、陇南	金昌、平凉	白银	张掖
	青海（1）	海西蒙古族藏族、自治州	—		
	宁夏（1）	—	—	石嘴山	
	新疆（3）	阿勒泰地区	克拉玛依、巴音郭楞蒙古自治州		
东北（21）	辽宁（6）	—	本溪	阜新、抚顺	鞍山、盘锦、葫芦岛
	吉林（6）	松原	吉林、延边朝鲜族自治州	辽源、白山	通化
	黑龙江（9）	—	黑河、大庆、鸡西、牡丹江	伊春、鹤岗、双鸭山、七台河、大兴安岭地区	

资料来源：根据《全国资源型城市可持续发展规划（2013—2020年）》整理。

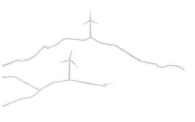

（二）资源型地区在四大区域的分布

资源型地区在四大区域的分布很不均衡，多集中在东北及中西部地区。在全国125个资源型地区中，东部地区19个、中部地区37个、西部地区48个、东北地区21个，占地级区划比重分别为22.35%、45.12%、36.92%、58.33%，东北地区资源型地区数所占比重最高；东部地区地级区划数虽然较多，但资源型地区数最少。此外，中西部地区共有资源型地区85个，占全国资源型地区总数的68%；中西部及东北地区共有资源型地区106个，占全国资源型地区总数的84.8%（表1-2）。进一步把125个资源型地区划分为成长型（20个）、成熟型（65个）、衰退型（24个）和再生型（16个）四类，其中成熟型65个，多位于中西部地区，占资源型地区总数的52%。

表1-2 2021年我国四大区域资源型地区分布情况

地区	资源型地区（个）	地级区划数（个）	占地级区划比重（%）	成长型（个）	成熟型（个）	衰退型（个）	再生型（个）
东部	19	85	22.35	0	12	2	5
中部	37	82	45.12	1	25	8	3
西部	48	130	36.92	18	21	5	4
东北	21	36	58.33	1	7	9	4
合计	125	333	37.54	20	65	24	16

资料来源：根据《全国资源型城市可持续发展规划（2013—2020年）》整理。

二、我国资源型地区的类型划分

按照不同的划分标准，我国资源型地区可以划分为不同的类型。

（一）按资源种类划分

按资源型地区发展所依赖的自然资源不同，把资源型地区划分为能源矿产资源型地区、金属矿产资源型地区、非金属矿产资源型地区、森工地区和综合类地区。其中，能源矿产资源包括煤炭资源和油气资源；金属矿产资源包括黑色金属和有色金属，黑色金属主要是指铁、锰、铬，有色金属包括重有色金属、轻有色金属、贵金属、稀有稀土金属；非金属矿产资源包括土砂石、化学矿等；森工地区则是依赖丰富的森林资源开采加工的地区。结合我国资源型地区的特点，参考张文忠和余建辉，等（2014）的研究，将我国125个资源型地区划分为煤炭资源型地区、油气资源型地区、黑色金属地区、有色金属地区、非金属地区、森工地区和综合类地区。煤炭资源型地区44个、油气资源型地区11个、有色金属地区13个、黑色金属地区8个、非金属地区12个、森工地区7个、综合类地区30个。

表1-3 我国资源型地区按资源种类的分类

地区	所在省（自治区、直辖市）	煤炭	油气	有色	黑色	非金属	森工	综合类
东部（19）	河北（5）	——	——	——	承德	——	——	邯郸、唐山、邢台、张家口
	江苏（2）	——	——	——	——	徐州、宿迁	——	——
	浙江（1）	湖州	——	——	——	——	——	——
	福建（3）	——	——	南平	——	——	——	三明、龙岩
	山东（6）	枣庄、济宁、泰安	东营	——	——	临沂	——	淄博
	广东（2）	——	——	韶关	——	云浮	——	——

地区	所在省（自治区、直辖市）	煤炭	油气	有色	黑色	非金属	森工	综合类
中部（37）	山西（10）	大同、长治、晋城、朔州、忻州、晋中、临汾、吕梁	—	—	—	—	—	运城、阳泉
	安徽（9）	淮南、淮北、亳州、宿州	—	铜陵	马鞍山、池州	滁州、宣城		—
	江西（5）	萍乡	—	赣州	新余	景德镇		宜春
	河南（7）	鹤壁、焦作、洛阳	濮阳	—	—	—		南阳、平顶山、三门峡
	湖北（2）	—		—	—	—		鄂州、黄石
	湖南（4）	邵阳	—	郴州	—	—		衡阳、娄底
西部（48）	内蒙古（5）	呼伦贝尔、乌海	—	—	—	—		鄂尔多斯、包头、赤峰
	广西（3）	—	—	百色、河池	—	贺州	—	
	四川（10）	广安	广元、达州、南充		攀枝花	自贡、雅安	阿坝藏族羌族自治州	泸州、凉山彝族自治州
	贵州（5）	六盘水、安顺、黔南布依族苗族自治州、黔西南布依族苗族自治州	—	—	—	—		毕节
	云南（7）	曲靖、昭通、临沧	—	楚雄彝族自治州、普洱	保山	—	丽江	—
	陕西（6）	铜川、咸阳	延安	宝鸡	—	—	—	渭南、榆林
	甘肃（7）	平凉	庆阳	白银、金昌	—	武威	—	陇南、张掖

地区	所在省（自治区、直辖市）	煤炭	油气	有色	黑色	非金属	森工	综合类
	青海（1）	—	—	—	—	海西蒙古族藏族自治州	—	—
	宁夏（1）	石嘴山	—	—	—	—	—	—
	新疆（3）	—	克拉玛依	阿勒泰地区	—	—	—	巴音郭楞蒙古自治州
东北（21）	辽宁（6）	阜新、抚顺	盘锦	—	鞍山、本溪	—	—	葫芦岛
	吉林（6）	辽源、通化	松原	—	—	—	吉林、白山	延边朝鲜族自治州
	黑龙江（9）	鸡西、鹤岗、双鸭山、七台河、黑河	大庆	—	—	—	伊春、牡丹江、大兴安岭地区	—

资料来源：参考张文忠，余建辉，王岱，谌丽，等.中国资源型城市可持续发展研究[M].北京：科学出版社，2014.6。

（二）资源型地区的综合分类

资源型地区与老工业基地是两个不同的概念，但在某些地区又具有一定的重合性。新中国成立70余年来，在不同历史时期国家对资源型地区和老工业基地的关注也不尽相同，有时资源型地区转型占据主导地位，有时以老工业基地的建设为主，或者对二者都比较重视（安树伟，张双悦，2019）。参考安树伟和张双悦（2019）的研究，可以将125个资源型地区划分为资源型地区和复合型地区[①]。其中，资源型地区69个，占资源型地区总数的55.2%；复合型地区56个，占资源型地区总数的44.8%（表1-4）。

①复合型地区：既是资源型地区又是老工业基地。

表1-4 我国资源型地区综合类型

地区类型	数量	地区名单
资源型地区	69个	运城、朔州、吕梁、晋城、忻州、呼伦贝尔、松原、鄂尔多斯、乌海、延边朝鲜族自治州、大兴安岭地区、鹤岗、黑河、七台河、双鸭山、宿迁、亳州、宿州、铜陵、滁州、宣城、池州、新余、宜春、赣州、东营、临沂、济宁、泰安、濮阳、三门峡、郴州、鄂州、云浮、百色、河池、贺州、广元、南充、广安、达州、雅安、阿坝藏族羌族自治州、凉山彝族自治州、毕节、黔南布依族苗族自治州、黔西南布依族苗族自治州、延安、渭南、榆林、武威、张掖、庆阳、平凉、陇南、巴音郭楞蒙古自治州、阿勒泰地区、湖州、南平、三明、龙岩、曲靖、保山、昭通、丽江、普洱、临沧、楚雄彝族自治州、海西蒙古族藏族自治州
复合型地区	56个	张家口、唐山、邯郸、承德、邢台、大同、阳泉、长治、晋中、临汾、包头、赤峰、鞍山、抚顺、本溪、阜新、盘锦、葫芦岛、吉林、白山、通化、牡丹江、辽源、鸡西、大庆、伊春、淮南、马鞍山、淮北、景德镇、萍乡、淄博、枣庄、洛阳、徐州、平顶山、南阳、焦作、鹤壁、黄石、衡阳、娄底、邵阳、韶关、自贡、攀枝花、泸州、六盘水、安顺、铜川、咸阳、宝鸡、金昌、白银、石嘴山、克拉玛依

资料来源：根据《全国资源型城市可持续发展规划（2013—2020年）》《全国老工业基地调整改造规划（2013—2022年）》整理。

（三）按可持续发展能力和资源状况的分类

资源型地区由于受到"资源诅咒"的影响，发展中会积累一些特殊问题，例如生态环境加速恶化和经济动力持续衰退等。这些问题导向的特征与政策引导方向具有天然的紧密联系，因此，资源保障程度和发展问题的积累程度应该是政策导向下资源型地区类型划分的主要考虑因素。资源保障程度高，发展问题少的地区处在成长阶段；资源保障程度略有下降，发展问题也有一定积累的地区为成熟型地区；资源已经接近枯竭，发展问题积累较多的地区为衰退型地区；资源开采几近枯竭，资源保障程度很低，但转型发展较好，各种问题得到解决的是再生型地区（余建辉，李佳洺，张文忠，2018）。资源型城市发展面临困难比较多的是资源枯竭型城市，2008年、2009年、2011年，国家发展和改革委员会分三批确定了全国69个资源枯竭型城市，其中地级行政区25个，这类城市是指矿产资源开发进入后期、晚期或末期阶段，其累计采出储量已达到可采储量的70%以上的城市（安树伟，张双悦，2019）；69个资源枯竭型城市中除辽宁盘锦市和山西孝义市被划为再生型城市外，其余67个城市即为《全国资源型城市可持续发展规划（2013—2020年）》划分的衰退型城市。中国的资源枯竭型城市基本等同于衰退型资源型城市，这是资源型城市转型发展的难点所在。本书根据《全国资源型城市可持续发展规划（2013—2020年）》，按照可持续发展的能力和资源状况，将资源型地区分为成长型、成熟型、衰退型和再生型四种类型。其中，成熟型资源型地区最多，占到52%；衰退型占到19.2%；成长型占到16%；再生型占到12.8%（表1-5）。

表1-5　资源型地区按可持续发展能力和资源状况的分类

类型	资源型地区（个）	比重（%）	地区
成长型	20	16	朔州、呼伦贝尔、鄂尔多斯、松原、贺州、南充、六盘水、毕节、黔南布依族苗族自治州、黔西南布依族苗族自治州、昭通、楚雄彝族自治州、延安、咸阳、榆林、武威、庆阳、陇南、海西蒙古族藏族自治州、阿勒泰地区
成熟型	65	52	张家口、承德、邢台、邯郸、大同、阳泉、长治、晋城、忻州、晋中、临汾、运城、吕梁、赤峰、本溪、吉林、延边朝鲜族自治州、黑河、大庆、鸡西、牡丹江、湖州、宿州、亳州、淮南、滁州、池州、宣城、南平、三明、龙岩、赣州、宜春、东营、济宁、泰安、三门峡、鹤壁、平顶山、鄂州、衡阳、郴州、邵阳、娄底、云浮、百色、河池、广元、广安、自贡、攀枝花、达州、雅安、凉山彝族自治州、安顺、曲靖、保山、普洱、临沧、渭南、宝鸡、金昌、平凉、克拉玛依、巴音郭楞蒙古自治州
衰退型	24	19.2	乌海、阜新、抚顺、辽源、白山、伊春、鹤岗、双鸭山、七台河、大兴安岭地区、淮北、铜陵、景德镇、新余、萍乡、枣庄、焦作、濮阳、黄石、韶关、泸州、铜川、白银、石嘴山

类型	资源型地区（个）	比重（％）	地区
再生型	16	12.8	唐山、包头、鞍山、盘锦、葫芦岛、通化、徐州、宿迁、马鞍山、淄博、临沂、洛阳、南阳、阿坝藏族羌族自治州、丽江、张掖
合计	125	100	—

资料来源：根据《全国资源型城市可持续发展规划（2013—2020年）》整理。

（四）按建成区人口规模划分

根据国务院2014年10月印发的《国务院关于调整城市规模划分标准的通知》（国发〔2014〕51号）中的标准，对资源型地区进行划分。从城市规模来看，以建成区常住人口测算，资源型地区缺乏Ⅰ型大城市，资源型城市以中等城市和Ⅰ型小城市为主，中等城市占到36.8%，Ⅰ型小城市占到36.0%（表1-6）。

表1-6　2021年我国资源型地区按城市规模的分类

类型	数量（个）	比重（％）	名称
Ⅱ型大城市 100万—300万人	30	24	洛阳、临沂、邯郸、淄博、徐州、唐山、包头、赣州、泸州、南阳、济宁、南充、大庆、鞍山、达州、大同、衡阳、吉林、自贡、淮南、泰安、枣庄、咸阳、宝鸡、抚顺、张家口、延边朝鲜族自治州、凉山彝族自治州、黔西南布依族苗族自治州、楚雄彝族自治州
中等城市 50万—100万人	46	36.8	湖州、东营、长治、平顶山、赤峰、本溪、宿迁、焦作、盘锦、邢台、曲靖、马鞍山、淮北、阜新、晋中、牡丹江、郴州、邵阳、黄石、攀枝花、韶关、榆林、滁州、宜春、铜陵、鸡西、濮阳、临汾、阳泉、宿州、承德、运城、广元、六盘水、渭南、娄底、乌海、鄂尔多斯、晋城、三门峡、萍乡、鹤壁、葫芦岛、龙岩、黔南布依族苗族自治州、巴音郭楞蒙古自治州

类型	数量（个）	比重（%）	名称
Ⅰ型小城市 20万—50万人	45	36	鹤岗、景德镇、松原、朔州、通化、延安、毕节、新余、双鸭山、石嘴山、广安、辽源、克拉玛依、安顺、伊春、三明、铜川、七台河、亳州、百色、白山、宣城、南平、保山、河池、昭通、白银、武威、忻州、吕梁、呼伦贝尔、池州、鄂州、平凉、云浮、张掖、贺州、普洱、丽江、庆阳、雅安、临沧、大兴安岭地区、阿坝藏族羌族自治州、海西蒙古族藏族自治州
Ⅱ型小城市 20万人以下	4	3.2	陇南、金昌、黑河、阿勒泰

资料来源：根据《中国城市建设统计年鉴（2021）》及相关地区统计公报整理计算。

三、我国资源型地区面临的问题

资源型地区是在资源开发利用基础上形成的，其主要目的是促进经济社会发展。由于长期以来不合理的开发方式，资源型地区积累了许多问题，无法实现可持续发展。作为一种特殊类型的地区，资源型地区面临着资源开采难度大、产业结构单一、高度依赖外部市场、空间结构分散、生态环境较差和基础设施落后等一系列发展困境（徐旭，郑国胜，迟丰华，2021）。把握资源型地区面临的问题对推动资源型地区实现现代化具有重要的现实意义。

（一）资源开采难度大，资源利用率低

资源型地区的发展依赖于资源的勘探和加工，而这些自然资源通常分布在山区、荒漠和边远地区。由于资源开采困难，加之多数产业结构单一、生态环境脆弱等因素，资源利用率低是不可避免的问题。由于资源型地区的地理位置和自然条件复杂，其自然资源开采往往需要更高的成本。

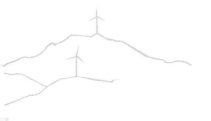

例如，矿山和油田位于远离城市的山区和荒漠中，中国西部采煤困难、煤质低劣等问题都影响了资源的开采效率和成本。同时，另一个问题是传统的资源开采方式往往不够高效，技术水平相对较低，这也会限制资源开采的速度和规模，难以满足当代经济需求。在资源利用方面，很多资源型地区还存在着浪费和低效利用的问题，在资源发现之初就过度开采，浪费了许多宝贵的资源。此外，由于缺乏创新技术和高附加值产业，很多地区的资源利用仅限于初级加工阶段，难以实现资源价值最大化。

（二）产业结构单一，以上游产业为主

多数资源型地区以矿业开采和冶炼为主，例如石油、煤炭和金属矿产。这些地区的经济模式依赖于资源的挖掘和加工，只有少部分城市对矿产品进行深加工，但也属于产业链上游，一旦资源枯竭，产业链就会断裂（肖金成，2023）。因此，这些地区的产业结构通常较为单一，以上游产业为主，第二产业比重较高。资源型地区拥有大量自然资源，开采成本较低，使得第二产业得以快速发展。这导致这些地区的经济活动主要集中在第二产业，而忽视了其他产业的需求。此外，缺乏科技创新和知识产权保护等因素的支持，使得资源型地区难以实现产业升级和调整。这使得技术创新和人力资本投入无法推动产业结构的调整。由于资源型地区通常位于偏远地区，基础设施建设相对薄弱，难以吸引外部投资和先进技术，限制了多元化产业的发展能力。此外，资源型地区面临人力资本投入不足的困境，难以为其他产业提供项目资金，使得内部发力促进经济结构变革的能力受限。

（三）高度依赖外部市场，经济风险较高

由于资源型地区缺乏多元化产业结构，其经济活动极易受到市场波动和政策变化的影响。这使得它们更加依赖外部市场以保持经济稳定。首

先，市场波动对资源型地区的影响主要体现在资源价格的变动。由于价格是由市场供需关系决定的，当市场需求下降时，资源的价格也会出现下跌。这将直接影响资源型地区的产业链条，从而导致企业盈利能力下降，甚至造成企业倒闭和失业率的上升。其次，政策变化也对资源型地区的经济产生重要影响。政策的变动可能导致资源开发的限制或者优惠政策的变更，这将直接影响资源型地区的经济活动。特别是环保政策的改变，可能会对资源型地区的环境保护要求变高，从而限制资源的开发与利用，更不利于资源型地区的经济发展。

（四）空间结构分散，城市功能有待提升

资源型地区多数是缘矿而建，资源分布一般具有不连续性特点，这决定了地区布局呈分散性特征（肖金成，2023）。资源型地区空间分散是指这些地区的经济活动和人口分布相对分散，缺乏发展成为大城市的条件。这种空间结构分散也导致了资源型地区在城市功能方面存在一系列问题。首先，在资源型地区，通常有许多小型城市或者乡镇相互独立，城市之间的联系和交流相对较少。这就限制了业务往来和专业服务提供商在资源型地区范围内的稳定活动。另外，由于这些小城市的规模通常较小，使得相应的城市管理和公共服务水平难以满足当地居民的需求。其次，资源型地区的城市功能普遍较低，缺乏像现代化金融、高端制造业、创新型企业等高附加值产业的支撑。这也意味着资源型地区经济增长的后劲不足，并且容易受国际和国内环境变化的影响。再次，资源型地区的城市规划和建设相对滞后。由于政府投资力度不够，基础设施建设相对薄弱，城市交通、环保等方面的问题难以得到有效解决，因此，城市的公共服务和基础设施建设不够完善，城市发展的动力受到限制。最后，在资源型地区，由于经济活动和人口分布相对分散，使得这些地区所拥有的优势资源也分流于多个城市或小乡镇，导致资源利用效率不高。这也进一步影响了这些地区城

市经济的可持续发展。

（五）生态环境较差，治理难度大

资源型地区拥有丰富的矿产和能源资源，以开发这些资源为核心的经济模式成为这些地区的选择。大规模的资源开采往往伴随着土地破坏、水污染、大气污染等环境问题的出现，生态环境的破坏对当地居民的生活和健康造成了一定的影响。由于特殊的经济结构和生产方式，资源型地区的生态环境面临着较大的压力。资源型地区的主要经济活动是采矿、能源开发等对环境影响比较大的行业，这些行业的发展直接导致了水、土、空气等环境资源的严重污染，矿业加工废水排放造成一些动植物死亡，尾矿堆积占用大量土地，存在垮坝风险（肖金成，2023）。此外，与其他地区相比，资源型地区面临的生态环境治理难度也相对较大。由于资源型地区经济发展主要依赖资源开发，而生态环境保护往往需要短期牺牲经济效益，因此在政治、经济和社会方面都存在着不同程度的利益冲突。同时，由于资源型地区通常处于经济欠发达地区，资金和技术等方面的限制也使得治理工作面临着巨大的困难。

（六）基础设施落后，民生问题突出

资源型地区在经济发展的过程中往往会面临着基础设施建设滞后、民生问题突出等方面的困难和挑战。第一，在基础设施方面，由于资源型地区经济起步较晚，历史遗留下来的基础设施建设比较薄弱，同时，因为区域内的经济增长主要依靠资源开采、加工和运输等行业，导致其他基础设施建设相对滞后。例如，在交通运输方面，由于地理条件复杂或者资金不足等原因，交通网络不够完善，难以满足人们生产、生活、旅游等需求；在城市化方面，由于城市规划不当和资金短缺，城市化水平较低，城市人口密度低，社会公共服务供给不足等问题也比较突出。第二，在民生方

面，尽管资源型地区拥有丰富的资源和独特的旅游资源优势，但却不可避免地存在民生问题。例如，这些地区的公共服务体系建设较为滞后，医疗教育水平不高，农村地区吃水、用电、通信等基础设施缺乏，城镇居民收入增长缓慢、社会保障制度不健全等问题都是其经济社会发展的瓶颈。

参考文献

［1］马克，李军国.资源型城市经济转型政策研究［M］.北京：科学出版社，2015.

［2］方世南，马姗姗.从"五位一体"的文明协调发展把握中国式现代化新道路和人类文明新形态［J］.思想理论教育，2021（11）：20-26.

［3］李平，陈耀.2011—2012中国区域经济学前沿：资源型城市转型与区域协调发展［M］.北京：经济管理出版社，2012.

［4］余建辉，李佳洺，张文忠.中国资源型城市识别与综合类型划分［J］.地理学报，2018，73（04）：677-687.

［5］张文忠，余建辉，王岱，谌丽，等.中国资源型城市可持续发展研究［M］.北京：科学出版社，2014.

［6］安树伟，张双悦.新中国的资源型城市与老工业基地：形成、发展与展望［J］.经济问题，2019（09）：10-17.

［7］徐旭，郑国胜，迟丰华.黑龙江省煤炭资源型城市转型困境与发展路径研究［J］.黑龙江社会科学，2021（6）：47-54.

［8］肖金成.支持资源型地区可持续发展［N］.经济日报，2023-08-21（011）.

第二章

2

资源型地区
实现现代化的
基础与内涵特征

习近平总书记在党的二十大报告中指出："从现在起，中国共产党的中心任务就是团结带领全国各族人民全面建成社会主义现代化强国、实现第二个百年奋斗目标，以中国式现代化全面推进中华民族伟大复兴。"党的十八大以来，以习近平同志为核心的党中央经过长期的实践探索，不断推动理论创新和实践创新，成功推进了中国式现代化，丰富了中国式现代化的内涵。全面掌握、始终坚持、不断拓展和深化中国式现代化的科学内涵，对实现中华民族伟大复兴具有重要意义（朱永昆，许志聪，2023）。本章在分析中国式现代化内涵特征的基础上，研究资源型地区现代化的基础条件与环境，进而提炼资源型地区现代化的内涵特征。

一、中国式现代化的内涵特征

现代化既是一个历史性的概念，也是一个不断演进的概念，现代化在不同的历史阶段、社会条件、传统文化下具有不同的内涵（李涛，2023）。邓小平同志于1978年在全国人民代表大会上首次提出了"中国式的现代化"这一概念，并结合中国的实际情况和具体特点，运用富有中国传统文化意蕴的词汇"小康"来表达"中国式的现代化"，表达了中国人民千百年来对富裕、殷实、美好生活的向往和追求。"小康社会""全面建设小康社会""全面建成小康社会"成为标定中国式现代化历史发展阶段的重要概念。"现代化"作为中国共产党全国代表大会报告中的关键词，其理论内涵不断丰富，从"建成富强民主文明的社会主义国家"到"建设富强民主文明和谐的社会主义现代化国家"，再到"建成富强民主文明和谐美丽的社会主义现代化强国"；从"四个现代化"到包括"国家

治理现代化"在内的"五个现代化";从"三位一体""四位一体"到"五位一体",中国式现代化的理论内涵不断丰富和拓展。总体来说,中国式现代化理论是在坚持和发展中国特色社会主义的语境下进行阐释的,独立、完整、系统的中国式现代化理论尚未形成。习近平总书记在庆祝中国共产党成立100周年大会上的讲话中指出:"我们坚持和发展中国特色社会主义,推动物质文明、政治文明、精神文明、社会文明、生态文明协调发展,创造了中国式现代化新道路,创造了人类文明新形态。"这个论断明确了坚持和发展中国特色社会主义与创造中国式现代化的关系(任洁,2023)。党的十八大以来,习近平总书记在多次重要讲话中都阐释了中国式现代化的根本性质、中国特色、本质要求、世界意义等问题。关于中国式现代化五个方面的中国特色,2021年1月11日习近平总书记在省部级主要领导干部学习贯彻党的十九届五中全会精神专题研讨班上作出了概括:"我国现代化是人口规模巨大的现代化,是全体人民共同富裕的现代化,是物质文明和精神文明相协调的现代化,是人与自然和谐共生的现代化,是走和平发展道路的现代化。"党的二十大报告重申了中国式现代化五个方面的中国特色。 2023年2月7日习近平总书记进一步指出:这五个方面的中国特色,深刻揭示了中国式现代化的科学内涵,比较系统地回答了"中国式现代化是什么"的问题。

在中国式现代化建设取得重大成效的同时,学界对于中国式现代化的研究也在不断跟进,关于中国式现代化内涵的研究,学者们主要聚焦整体性视角,认为中国式现代化是物质文明、政治文明、精神文明、社会文明和生态文明协同并进的全方位现代化(方世南,马姗姗,2021)。中国式现代化不仅兼具了不同国家现代化的共同特征,更是深深植根于中国实践的本土化特色理论与实践创新(詹国辉,王啸宇,2023)。下面从五个方面进行具体阐述。

（一）中国式现代化是人口规模巨大的现代化

从世界发展历史来看，能让一个14多亿人口规模的国家整体迈入现代化，所应对的风险和挑战是其他国家前所未有的。纵观西方国家的发展历程，英国工业革命之初人口规模仅为千万级，但其工业化进程却引领了全球现代化的浪潮。20世纪后，美国成为现代化的领跑者，人口是上亿级的。

根据第七次全国人口普查，截至2020年末，全国人口144349万人，其中大陆31个省（自治区、直辖市）年末总人口141178万人。根据中华人民共和国2022年国民经济和社会发展统计公报，2022年末，大陆31个省（自治区、直辖市）年末总人口为141175万人，比上年末减少85万人。已经实现工业化的发达国家（地区）的人口规模远未达到10亿人。2022年，我国人均GDP为85698元，仍然未达到高收入国家（地区）的人均水平。这说明中国在较长一个时期仍然是全世界最大的发展中国家。人口规模巨大是我国的基本国情，是中国式现代化的基础性特征和现实条件（穆光宗，等，2023）。中国14多亿人口整体迈进现代化，会彻底解构当下现代化的世界版图。对于人类社会而言，这将会成为亘古未有的大事件。因此，要实现"人口规模巨大的现代化"，必然要走上一条"以人民为中心"的发展道路。以人民为中心是中国式现代化的本质要求和特征，习近平总书记指出："现代化的最终目标是实现人自由而全面的发展"（习近平，2023）。人的自由而全面发展是人的现代化的具体体现，包含在中国式现代化进程中，是人类文明的新形态。事实上，人口规模巨大的国情对于国家建设与发展而言，既是压力与考验，也是发展优势与红利。因此，要实现"人口规模巨大的现代化"，关键在于坚持人民至上理念，要让中国式现代化的整体性发展成果惠及全体人民。

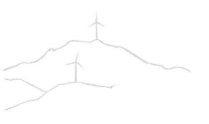

（二）中国式现代化是全体人民共同富裕的现代化

现代化是人类社会永恒的主旋律，也是人类文明进步的标志。党的二十大报告指出："中国式现代化是全体人民共同富裕的现代化。"这一重要论述不仅仅强调了实现全体人民共同富裕是中国式现代化的本质要求和基本特征之一，更进一步彰显了以人民为中心的价值理念（宋才发，2023；曾祥明，2023；孙秋枫，杜莉，2023）。

共同富裕不仅是中国式现代化的实现目标，而且也是加快中国式现代化进程的必要条件。共同富裕包括"共同"和"富裕"两方面的内涵，体现了"公平"与"效率"的关系。"富裕"属于生产力范畴，是世界各国推进现代化所追求的共同目标，通常用人均收入水平来衡量，因而表现为现代化国家的一般特征。"共同"则是对"富裕"的性质规定，属于生产关系范畴。体现了中国特色社会主义制度所要求的"富裕"必须是全体人民的共同富裕，是14多亿人口共同迈入现代化社会的共同富裕。这体现在生产力和生产关系的统一上。一方面贫穷不是社会主义，因为社会主义制度的巨大优越性就在于它能够创造出比以往任何社会都要高的生产力发展水平；另一方面两极分化会葬送社会主义，因为中国特色社会主义要求必须坚持以人民为中心的发展思想。因此，党的二十大报告明确指出，共同富裕是中国特色社会主义的本质要求，也是一个长期的历史过程（黄泰岩，韩梦茹，2023）。满足最广泛人民群众对美好生活的需求，是实现全体人民共同富裕的行动指南，更是社会主义发展的本质要求。中国式现代化视角下的共同富裕的行动主体为全体人民，关键点在于"共同"，结果是将更多的中国式现代化发展成果惠及全体人民。

（三）中国式现代化是物质文明和精神文明相协调的现代化

中国式现代化是追求物质文明高度发达的现代化，也是追求精神文明高度发达的现代化，物质文明和精神文明协调发展是中国式现代化的本质特征和崇高追求（孙明增，2023）。推动民族复兴的伟大事业发展，不仅需要强大的物质力量来支持，还需要培育出强大的内生精神力量。那么，要实现中国式现代化，必须在推动物质文明累积的基础之上尽可能地升华精神文明。中华民族伟大复兴，必然要求物质文明与精神文明的相互协调与发展，使得广大人民群众的物质生活和精神生活能够同步得到有效改善，人民群众对美好生活的向往应当呈现为全方位且多层次。人民群众不单单对物质生活提出了要求，还对其他维度（诸如民主、法治、公平、正义、安全、环境等）提出了更高的需求。从马克思主义的视角观之，物质文明的发展与精神文明的发展应是相互协调的，进一步来说，人的现代化与人的自由全面发展是辩证统一的，应当呈现出互构与共生。

党的十八大以来，在全面建成小康社会的奋斗过程中，"富口袋"始终与"富脑袋"协同并进（朱嘉琳，陈寿灿，包大为，2023）。2020年，习近平总书记在教育文化卫生体育领域专家代表座谈会上指出："没有社会主义文化繁荣发展，就没有社会主义现代化。"中国式现代化是物质文明和精神文明相协调的现代化。扎实推进共同富裕是文化繁荣的内在活力，其核心要义是"以高质量文化供给增强人们的文化获得感、幸福感"。精神生活富有与物质生活富足是互为条件、互为目的、互相依存、互相渗透的辩证关系。一方面，物质生活富足是精神生活富有的基础。改革开放以来我国积累了丰富的物质资源，这是实现精神富有的物质基础。另一方面，精神富有为物质富足提供价值导向、精神动力和智力支持（朱嘉琳，陈寿灿，包大为，2023）。在改革开放的过程中，我们不仅追求物质上的富有，更注重培养人们的精神追求。只有拥有丰富的精神世界，才能真正享受物质富足所带来的幸福感。通过文化教育的推动，让人们拥有高尚的情操、广博的知识和积极向上的价值观，这样的精神基础才能为国家的发展保驾护航。

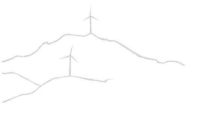

（四）中国式现代化是人与自然和谐共生的现代化

人与自然和谐共生是中国式现代化的重要目标和价值取向（王家庭，王浩然，2023）。人类社会的本源是自然，人类与自然本质上是一个统一的有机整体，彼此之间相互影响、相互构建，形成共生关系。人与自然的主客体关系是人类社会最为基本的关系。纵观人类社会发展历程会发现，人类社会的发展是和人与自然关系的发展密不可分的。习近平总书记在党的二十大报告中所作的关于生态治理的重要论述，强调了中国式现代化是人与自然和谐共生的现代化。事实上，党的十八大以来，在以习近平同志为核心的党中央带领下，生态文明建设已经取得了历史性、全局性的成就，由此开启了人与自然和谐共生的现代化新篇章。虽然生态文明建设仍然面临诸多治理限制，但是如何借助"人类与自然的和解方式"来处理好人与自然之间的关系，已然成为现实难题之一。因此，中国式现代化致力于构建美丽中国的图景，在尊重自然的基础之上，进一步顺应自然，从而保护自然，系统地统筹资源、环境、生态的多元协同发展，最终构建人与自然和谐共生的现代化。中国式现代化的核心是和谐共生，即将人与自然的关系置于平衡和协调的状态。在这个过程中，我们不仅需要尊重自然，还要积极与之合作，充分发挥自然的潜力，实现人类与自然的良性互动，这样才能实现可持续发展，建设一个更加美丽、繁荣的中国。

（五）中国式现代化是走和平发展道路的现代化

党的十八大以来，习近平总书记围绕"维护世界和平、促进共同发展"这一主题发表了一系列重要论述，强调既要"通过争取和平国际环境发展自己，又以自身发展维护和促进世界和平"（习近平，2014），既要坚持独立自主、推进改革创新，还要顺应时代潮流、扩大对外开放，努力实现中国与世界各国良性互动、合作共赢（郑金鹏，2021）。中国政府一直致力于通过外交政策维护世界和平、促进共同发展，并积极推动全球范围内的广泛合作，以实现构建人类命运共同体的目标。中国式现代化必然是走和平发展的现代化道路，需要实现思想自信和实践自觉的有机结合。中华民族及其文化底蕴中自古以来就融入了和平发展的基因，"讲信修睦、协和万邦"成为中国对外交往的核心要求。中国在面对错综复杂的国际形势时，始终坚定地维护着世界和平和国际社会的公平正义，并将国家主体利益与全球共同利益相结合，致力于建设人类命运共同体。中国以积极的态度参与国际发展与合作，特别是帮助其他国家培养自主发展能力，为世界的和平、稳定与发展做出了重要贡献。自党的十八大以来，习近平总书记着眼于世界人民的共同利益，经过长期的系统思考，着力聚焦于"建设一个什么样的世界，如何建设这个世界"等关乎人类前途命运的重大现实课题，由此倡导构建人类命运共同体。中国共产党一直以来始终以全球的眼光来审视世界的未来命运，关注人类社会的现实前景，在适应社会发展潮流的同时，站在世界的大格局上，积极处理与外界的互动关系，为中华民族的伟大复兴，也为全人类的共同进步与幸福谋求大同。在实现这一目标的过程中，不仅要坚持国家的独立自主和自力更生，还要重视对外开放，追求合作与共赢，坚定地站在人类进步的一方，与各国人民共同走向和平发展之路。

二、资源型地区实现现代化的基础条件与环境

下文将对资源型地区经济社会发展基础及发展环境进行分析，为探讨资源型地区现代化的内涵奠定基础。

（一）发展基础

资源型地区经济波动幅度大、城市规模普遍偏小、公共服务不足、

民生保障压力较大、生态环境污染严重和区位条件较差，是亟待解决的问题，其社会经济发展与生态环境产生了尖锐的矛盾。

1.以资源型产业为主的经济结构，经济波动幅度大

多数资源型地区以矿业开采和冶炼为主，只有少部分地区对矿产品进行深加工，但也属于上下游产业链。新中国成立以来，国家走上优先发展重工业的工业化之路，资源型地区始终是发展重工业的主战场，逐步形成了以能源原材料为主的经济结构。因此，资源型地区形成了"重工业过重、轻工业过轻"的格局。然而，由于资源型产业受到市场供需变化和国际经济形势的影响，导致资源型地区经济虽然与全国总趋势、总规律基本一致，但是其经济的波动强度明显大于全国，经济波动的扩张期明显短于衰退期（张文丽，孙秀玲，潘晔，2013）。这种波动的特点使得资源型地区的经济更加脆弱和不稳定。一方面，由于资源价格的波动以及资源开采活动的周期性，经济在扩张期会高速增长，一旦资源价格下降或枯竭，经济就会迅速陷入衰退期。另一方面，资源型地区的经济高度依赖于资源外部需求，国内外市场的不确定性和变化性也会加大经济波动的风险。

2.资源开发是城镇化的主要动力，城市规模普遍偏小

城镇化是现代化进程中的重要组成部分，只有通过城镇化的推进，资源型地区才能实现经济结构的升级和转型。然而，由于资源型经济的特殊性，资源型地区的城镇化进程通常较为滞后。为了改善这一状况，政府应加大对资源型地区的支持力度，提供必要的政策和经济支持，推动城镇化的进程加快。资源开发成为资源型地区城镇化的主要推动力之一，矿产资源的开发不但形成了新型的城镇，而且使原有不同规模的聚落因周围矿产资源的开发而成长起来。由于"因矿设市"，导致城市规模普遍偏小。从城市规模来看，以建成区常住人口测算，资源型地区缺乏Ⅰ型大城市，且资源型城市以中等城市和Ⅰ型小城市为主，中等城市占到36.8%，Ⅰ型小城市占到36.0%。在城市群和都市圈快速发展的背景下，由于资源型城市

规模普遍较小，它们只能扮演陪跑者的角色。

3.公共服务供给不足，民生保障压力较大

资源型地区为国家经济建设做出了巨大贡献，但在教育、医疗、社会保障、就业等基本公共服务方面发展较为落后且不均衡，不能分享国家的发展成果，也不能体现公平与效率的统一，是实现区域协调发展与共同富裕的主要制约因素（李玲娥，等，2022）。由于一些历史原因或者资源限制的问题，资源型地区的公共服务往往无法满足发展的需要。首先，资源型地区的公共服务不足主要是历史原因。在资源开发初期，由于经济发展的迫切性和技术条件的限制，公共服务设施建设往往没有得到充分重视。大量的资金和人力资源集中于资源开发领域，公共服务部门则显得相对薄弱。这种历史原因导致了资源型地区公共服务不足的局面。其次，资源限制也是造成公共服务不足的重要原因。资源型地区的资源开采过程常常伴随着环境污染和生态破坏，对生态环境的保护和修复需要大量的资金和技术支持。然而，由于资源的枯竭和环境的恶化，资源型地区的公共服务往往存在资金和技术上的限制。这种限制导致了公共服务设施建设和运营的困难，直接影响了民生保障的质量和范围。最后，资源型地区的发展模式也是导致公共服务不足的一大原因。由于经济发展的需要，资源型地区常常采取高度依赖资源开采的发展模式，忽视了对其他产业的培育和发展。这种单一的经济结构使得资源型地区的公共服务体系缺乏多样性和稳定性，难以满足人民日益增长的需求。一旦资源开采受到影响或资源枯竭，资源型地区的公共服务将面临更大的挑战。

4.环境质量有所改善，促进人与自然和谐发展任重而道远

受到自然条件和经济结构的影响，资源型地区面临较为严重的环境污染问题，不能满足新发展阶段资源型地区人民对美好生活的需求（李玲娥，等，2022）。通过加强对重点城市、区域、流域的环境整治以及对重点行业的污染治理，初步遏制了环境污染急剧恶化的趋势，控制了水环境

的恶化，工业废水排放量减少，处理率大幅提高，大气环境明显改善，工业固体废物利用率也有所提高，主要污染物总量减排成效初现，部分地区的环境质量有所改善。然而，由于资源型经济发展模式的"锁定效应"，产业结构重度依赖资源，短期内无法实现污染物排放量的根本性转变。资源型地区的生态环境脆弱性与经济社会发展的矛盾依然突出，因此，维护环境安全，促进人与自然的和谐发展依然面临巨大挑战。

5.地理位置与区位条件较差，对内对外开放不足

资源型地区区位条件较差，多位于较偏远地区，许多位于山区甚至深山区，远离交通干线，地理环境相对闭塞（孙威，王晓楠，刘艳军，2019）。这与矿业自然属性有关，如煤炭、金属矿等多集中在山区，就近冶炼有利于降低运输成本。Sun，et al（2018）测算了资源型城市到所在省的省会城市以及到北京、上海、广州的时空距离，结果表明资源型城市的确存在区位偏远现象。资源型地区的地理位置与区位条件相对较差，从而导致了对内对外开放的不足。其一，资源型地区的地理位置相对较偏远。这些地区往往位于国家的边缘地带或者内陆地区，交通不够便利。交通设施的欠发达使得资源运输困难，加工和销售渠道受限，导致资源的利用率降低，进一步影响了地区的经济发展。此外，地理位置的偏僻也使得资源型地区与经济中心的联系较为薄弱，难以吸引更多的投资和技术引进，限制了地区的创新和竞争能力。其二，资源型地区的区位条件相对较差。这些地区的基础设施建设水平普遍较低，工业园区和科技创新基地的建设相对滞后，无法提供良好的投资环境和创新平台。同时，人才资源也相对匮乏，在高端人才吸引和培养方面存在困难。这种区位条件的不足使得资源型地区在产业升级和转型发展方面面临较大的挑战，很难跨越中等收入陷阱，也很难进一步提高地区的竞争力和可持续发展能力。由于地理位置和区位条件的限制，资源型地区的对内对外开放程度相对较低。对内来讲，资源型地区的经济结构比较单一，缺乏多元化发展的动力和条件，难以吸

引外来资本和技术的进入。对外来讲，由于地理位置相对偏远，与国内外市场的联系不够紧密，导致资源型地区的产品和服务出口困难，降低了地区的竞争力。因此，缺乏对内对外开放平台的资源型地区面临着经济发展的诸多难题。

（二）发展环境

中国式现代化背景下，资源型地区的发展迎来了重大机遇，包括国家高质量发展战略、区域发展战略和"一带一路"倡议。然而，资源型地区仍面临着一些挑战，包括资源依赖、环境污染等问题。

1.重大机遇

第一，国家高质量发展战略是资源型地区现代化的实现路径。国家对不同地区高质量发展的差异化扶持政策，将为资源型地区的现代化提供有力支撑。2021年11月，为推进"十四五"时期资源型地区高质量发展，国家发展改革委、财政部、自然资源部联合印发了《推进资源型地区高质量发展"十四五"实施方案》，明确提出"到2025年，资源型地区能源安全保障能力大幅提升，经济发展潜力充分发挥，创新引领、加快转型、多元支撑的现代化产业体系基本建立，公共服务体系普遍覆盖，绿色宜居环境初步形成，民生福祉不断增进。展望到2035年，资源保障有力、经济充满活力、生态环境优美、人民安康幸福的资源型地区高质量发展目标基本实现，与全国同步基本实现社会主义现代化。"该实施方案为资源型地区实现现代化提供了明确的发展方向和路径，将为资源型地区带来新的发展机遇。

第二，国家的区域发展战略为资源型地区实现现代化带来了重大机遇。党的二十大报告中提出："促进区域协调发展。深入实施区域协调发展战略、区域重大战略、主体功能区战略、新型城镇化战略，优化重大生产力布局，构建优势互补、高质量发展的区域经济布局和国土空间体

系。"资源型地区在区域协调发展战略中承担着诸多国家战略功能，重点是资源能源保障功能，可以为国家提供稳定的能源供应，支持国家经济发展。同时，资源型地区也是国家能源安全的重要支撑点，通过合理开发和利用资源，可以减少我国对外能源依赖，提高国家的独立性和安全性。在中国式现代化背景下，国家战略布局调整以及政策扶持，将为资源型地区实现现代化带来新的机遇。

第三，以"一带一路"倡议为代表的对外开放战略有利于资源型地区推进高水平对外开放。资源型地区拥有丰富的自然资源和独特的地理位置优势，伴随着国家"一带一路"倡议的大力推进，这些地区可以加强与沿线国家的经贸合作，开拓新的市场，增加出口和国际投资，实现经济多元化和可持续发展。同时，"一带一路"倡议也为资源型地区提供了更多的合作机会和合作平台，促进技术转移、人才流动和创新能力的提升，推动地方产业升级和提质增效。通过"一带一路"倡议的推动，资源型地区不仅可以实现经济的发展，还可以提升地方的国际影响力和竞争力，为实现现代化奠定基础。

2.主要挑战

第一，资源型地区的资源依赖性导致其经济发展的速度和质量难以兼顾。资源型地区过度依赖资源行业导致经济结构单一，缺乏多元化和韧性，当资源价格下跌或资源枯竭时，资源型地区的经济将面临严重困境。资源价格波动对资源型地区经济造成影响，给地方财政带来不稳定性。全球经济形势和国际市场需求变化也会对资源型地区产生压力。此外，技术创新不足、人才流失等问题限制了资源型地区的经济结构升级，不利于经济社会的稳定发展。因此，如何使速度和质量这两个目标实现均衡，是资源型地区实现现代化面临的重大挑战。

第二，在高质量发展的背景下，资源型地区经济发展与生态环境保护的矛盾更加突出。资源型地区的经济发展主要依赖于资源开采和加工，而这往往伴随着环境污染和生态破坏，如大气污染、水土流失等。随着国家对环境保护的要求越来越严格，人们环保意识不断提高，社会对资源型地区的环保压力也越来越大，经济发展受到资源环境的刚性约束越来越强。因此，如何实现经济发展和生态环境保护的双赢局面，是资源型地区实现现代化面临的又一重大挑战。

三、资源型地区实现现代化的内涵特征

以人民为中心是中国式现代化的本质要求和特征。人的自由而全面发展是人的现代化的具体体现，包含在中国式现代化进程中，是人类文明的新形态。与中国式现代化五个内涵特征密切联系，资源型地区现代化应该是以实现人自由而全面的发展为最终目标，要突出人民性的现代化方向，要求物质文明和精神文明相协调，不断促进人的全面发展，实现全体人民共同富裕，具体体现在"人口规模适度、共同富裕、民生保障、生态文明、开放合作"五个方面，各方面是相互联系、相互协调、相互促进、相辅相成的有机整体。其中，人口规模适度是逻辑起点，民生保障、生态文明、开放合作是实现途径，共同富裕是最终目标。

中国式区域现代化各维度中，经济现代化是物质保障，社会进程现代化是鲜明特征，城乡现代化是重要途径，生态文明现代化是价值追求，精神文明现代化是精神动力，各维度具有同等重要性。

（一）人口规模适度

现代化的本质是人的现代化，中国式现代化的实现既是为了人，也需要依靠人（穆光宗，侯梦舜，郭超，等，2023）。人口规模是影响一个国家和地区现代化发展的关键性因素，庞大的人口规模使中国在现代化进程

中拥有显著的大国优势。改革开放后，巨大的劳动力成本优势、超大规模的国内市场和"区域竞赛"机制等大国优势的释放，推动中国经济快速发展，奠定了中国式现代化的物质基础（王长江，2023）。在人口向大城市集聚的过程中，资源型地区绝大多数城市属于人口外流，人口萎缩不利于提高经济韧性（Ying Sun, Yanan Wang, Xue Zhou, Wei Chen, 2023）。因此，资源型地区适度人口规模是保障可持续发展和实现现代化目标的关键因素之一。党的二十大提出要"优化人口发展战略"，优化人口发展战略是指以全局性、前瞻性、战略性的思维目光制定和调整人口规划，使人口各要素达到并保持某种优良适宜的状态，实现人口系统内部以及人口系统与经济社会系统和生态系统协调平衡、互为有利、共同发展，最终促进人的高质量发展（穆光宗，2019）。根据国务院2014年10月印发的《国务院关于调整城市规模划分标准的通知》（国发〔2014〕51号）中的标准，对资源型地区进行划分。从城市规模来看，以建成区常住人口测算，资源型地区缺乏Ⅰ型大城市，且资源型城市以中等城市和Ⅰ型小城市为主，中等城市占到36.8%、Ⅰ型小城市占到36.0%。另外，资源型地区的自然环境条件较差，不利于城市建设和人口聚集，也限制了城镇化进程的推进。总体而言，资源型地区人口规模偏小，且存在收缩趋势。资源型地区的现代化需要保持适度的人口规模，适度的人口规模有助于优化资源配置、提高人力资本的质量与产出，推动资源型地区的可持续发展和现代化进程。

（二）共同富裕

中国式现代化坚持以人为本，坚持发展成果由人民共享，以实现全体人民共同富裕为目标。人民既是社会主义物质文明和精神文明的创造主体，也是创新国家制度、从事国家管理的主体，更是占有资本、使用资本、规范资本的主体（成龙，2023）。共同富裕不仅仅是物质富裕，更是要追求人的物质生活和精神生活相协调的全面富裕，主要表现为人民收入水平和生活质量随着生产力的发展有了显著提高，并在此基础上共享发展成果（政武经，2023；孙秋枫，杜莉，2023）。实现共同富裕，既要做大蛋糕，也要分好蛋糕（曾祥明，2023）。资源型地区由于产业转型中出现岗位数量动荡的情况，易产生就业转业较难和贫富差距较大等问题（张国兴，冯朝丹，2021）。此外，资源型地区的居民收入水平普遍较低，且城乡居民收入差距依然较大，影响了共同富裕的公平性和整体质量。实现共同富裕，最艰巨繁重的任务在于不断缩小城乡发展差距，切实提高我国农民与农村的富裕程度（陈锡文，2022）。资源型地区实现共同富裕不仅要注重经济效率，也要注重分配公平，即在做大"蛋糕"的基础上，通过建立公平合理的分配体系把"蛋糕"分好，将收入差距控制在合理范围之内是新时代扎实推进共同富裕的现实要求（孙秋枫，杜莉，2023）。对于资源型地区而言，应全面提高城乡居民的收入水平，不断缩小城乡居民收入差距，真正实现以人为本和民生共享。

（三）物质文明和精神文明相协调

物质富足、精神富有是中国式现代化的根本要求，要实现物质文明和精神文明协调发展，就要以辩证的、全面的、协调的观点正确处理两者之间的关系（李玉举，肖新建，邓永波，2023）。物质文明和精神文明是社会发展的两个方面，相辅相成、相互促进。物质文明是精神文明发展不可或缺的基础，为精神文明提供必要的物质条件；精神文明具有相对独立性，在一定程度上依赖物质文明的发展（岳伟，鲍宗豪，2018）。中国式现代化促进人的现代化，具体体现在人的生活品质提升、人的精神文明程度提高和人的全面发展三个维度。人的生活品质提升包括收入水平和消费水平的显著提高、消费结构的升级、公共消费的扩大以及人居环境的绿化和美化。人的精神文明程度的提高主要在于解决人的价值观问题、促进人的思维和观念的现代化以及发展社会主义先进文化（洪银兴，杨玉珍，

2022）。高质量的公共服务可以满足人们对物质和精神需求的多样性，提升居民的生活质量和幸福感，推动整个社会实现全面发展。由此，资源型地区实现物质文明和精神文明相协调的关键之一是提供高质量的公共服务。

（四）人与自然和谐共生

人与自然和谐共生是人与自然关系的高级形态，意味着人与自然之间是共生共存的有机关系（曾嵘，王立胜，2023）。良好的生态环境是资源型地区可持续发展的基础和前提，也是居民对环境的基本要求。资源型地区传统的资源型开发模式往往忽视了对环境的保护和对可持续发展的考虑，导致资源的过度消耗和对环境的破坏。在现代化的过程中，资源型地区应当主张可持续发展，通过合理利用和保护资源，建立人与自然的和谐关系。其一，资源型地区的现代化需要重视环境保护。在资源开发和产业发展的过程中，应采取绿色、低碳、循环的发展模式，减少对环境的负面影响。通过加强环境监控和治理，推行清洁生产，减少污染物的排放，保护自然生态系统的完整性和稳定性。其二，资源型地区的现代化需要注重生态保护。保护自然资源，促进生物多样性的保护和恢复，维护生态平衡。注重生态补偿和环境修复，推动防护林、湿地保护、退耕还林还草等工程，恢复和改善生态环境。其三，资源型地区的现代化还需要重视人与自然的和谐共生。注重文化遗产的保护和传承，弘扬自然保护的理念和价值观。促进生态文明教育，提高人们的环境意识和生态责任感，塑造绿色生活方式和消费习惯。其四，资源型地区的现代化需要加强政府的管理和监督，建立科学的法律和制度体系，加强环境规划和评估，推动跨部门的合作和协调，确保现代化的实施与人与自然和谐共生的目标相一致。综上所述，资源型地区的现代化应当以人与自然和谐共生为目标。通过环境保护、生态保护、加强教育和管理等手段，实现资源型地区的可持续发展，实现人与自然的和谐共生。

（五）开放合作

　　开放合作是符合资源型地区根本利益的正确选择，也是顺应时代发展潮流的战略抉择。当前国际局势中的不安定因素增多，"逆全球化"趋势延续，但全球经济融合发展的客观趋势没有变（王长江，2023）。面对外部压力，资源型地区需要实行更高水平的开放合作，更广泛地参与国内国际合作和市场竞争，促进国内市场和国际市场的相互协调，全面提升区域竞争力和国际竞争力。开放合作体现了资源型地区的对内对外关系，是资源型地区实现现代化的重要途径和策略，可以带来多方面的好处，推动资源型地区向可持续发展的道路转型。首先，开放合作可以引进外部投资和技术。资源型地区通常需要大量的资金和技术支持来进行资源的开采和产业的发展。通过吸引外部投资，可以为资源型地区提供资金支持，推动基础设施建设、技术创新和产业升级。同时，引进外部先进的技术和管理经验，可以提高资源利用效率和环境友好性。其次，开放合作可以帮助资源型地区拓展市场。资源型地区通常依赖于资源的出口，通过开放合作，可以进一步开拓国内外市场，提高资源的附加值。与外部市场进行贸易合作，可以促进资源型地区的经济发展和产业升级，降低对资源的依赖性，使经济收入多元化。开放合作还可以促进资源型地区的技术创新和人才培养。通过与外部企业和科研机构的合作，资源型地区可以获取前沿的技术和创新，提升企业的创新能力和竞争力。开放合作也有助于人才的流动和交流，促进知识的传播和人才的培养，提高人才队伍的质量和素养。最后，开放合作可以促进资源型地区的文化交流和软实力的提升。通过与外部交流合作，资源型地区可以吸收其他地区的优秀文化和经验，提升自身的文化内涵和创意能力。与外部伙伴进行文化交流也可以增强资源型地区的国际影响力和竞争力。综上所述，资源型地区的现代化发展要走开放合

作的道路，开放合作也为资源型地区提供了更多的合作机遇和发展空间。通过引进外部投资和技术，拓展市场，促进技术创新和人才培养，资源型地区可以加快现代化进程，实现可持续发展的目标。

四、资源型地区在实现中国式现代化中的地位和作用

资源型地区拥有丰富的矿产资源和能源资源，是保障国家能源资源安全的重要基地，其发展也有助于促进区域协调发展。此外，资源型地区的现代化也是中国式现代化的重要组成部分。

（一）资源型地区是保障国家能源资源安全的重要基地

推进资源型地区实现现代化，是维护国家资源能源安全的重要保障和健全区域协调发展体制机制的重要环节。作为国家重要能源和战略资源基地，资源型地区在保障国家能源安全方面发挥着不可替代的作用。这些地区拥有丰富的煤炭、石油、天然气等能源资源，能够满足国家的能源需求。资源型地区也是国家能源储备和调剂的重要支撑，通过合理开发和利用资源，这些地区能够稳定国家能源供应，确保国家能源安全。首先，资源型地区以其丰富的煤炭资源成为国家能源安全的重要基地。煤炭作为我国主要能源，广泛用于发电、工业和民生领域。资源型地区如山西、陕西等地，拥有丰富的煤炭资源储量，能够稳定供应国家的能源需求。资源型地区也通过提高煤炭的开采效率和引入清洁能源技术来保障能源安全，促进可持续发展。其次，资源型地区在石油和天然气方面也发挥着重要作用。石油和天然气是我国的重要能源，用于工业生产、交通运输和民生领域。资源型地区如新疆、东北等地，拥有丰富的石油和天然气资源，能够满足国家的能源需求。这些地区通过建设管网和提升油气勘探开发技术，

确保了国家能源供应的稳定性和安全性。此外，资源型地区还承担着国家能源储备和调剂的重要任务。在能源供应充裕的情况下，资源型地区可将多余的能源储备起来，以备不时之需。这样一来，即使在能源紧缺的时候，国家仍能够通过调剂这些储备能源来保障能源供应的连续性，这就为国家能源安全提供了有力的支撑。

（二）资源型地区的现代化有助于推动区域协调发展

改革开放以来，推动区域协调发展一直是中国经济社会发展的重要内容（孙久文，张皓，2021）。然而，资源型地区是中国区域不协调、不充分发展的集中表现地区（余建辉，李佳洺，张文忠，2018）。该类地区主要以矿产资源开采和加工为主导产业，目前面临着经济发展可持续性较差、资源枯竭和产业结构单一等问题（苗长虹，胡志强，耿凤娟，等，2018）。因此，在中国式现代化背景下，开展资源型地区现代化研究具有重要现实意义。资源型地区的现代化发展可以带动地方经济的发展，提高当地人民的生活水平，减少地区间的发展差距，实现区域协调发展的目标。同时，资源型地区的现代化建设也可以促进区域间的合作与交流，形成良性互动，加速整个国家的现代化进程。第一，资源型地区的现代化发展可以带动地方经济的发展。资源是经济发展的重要支撑，而资源型地区具有丰富的自然资源储备。通过开发和利用这些资源，可以促进当地产业的发展，提高地方经济的竞争力。第二，资源型地区的现代化建设可以改善当地人民的生活。资源型地区的发展往往伴随着基础设施的建设和社会福利的提升。例如，通过建设现代化的交通网络和生态环境保护体系，可以提高当地居民的出行和生活条件。通过发展教育、医疗等社会福利事业，可以提高当地人民的生活质量，提升其获得感和幸福感。第三，资源型地区的现代化发展也有利于减少区域间的发展差距。通过资源型地区的现代化发展，可以吸引更多的人才和资本流入，缩小地区间的发展差距。

例如，通过建设跨地区的产业园区和合作项目，可以促进资源的优势互补，实现资源共享和区域协同发展。第三，资源型地区的现代化建设也可以促进区域间的合作与交流。通过资源型地区的现代化发展，可以打破地域壁垒，促进区域间的交流与合作，形成良性互动，加速整个国家的现代化进程，实现区域协调发展的目标。

（三）资源型地区的现代化是中国式现代化的重要组成部分

资源型地区的现代化是中国式现代化的重要组成部分。中国作为一个拥有丰富自然资源的国家，资源型地区的现代化建设不仅关乎经济发展和人民生活水平的提高，更关乎人与自然的和谐共生和构建可持续发展的现代化发展模式。中国式现代化强调以人为本、可持续发展。资源型地区的现代化建设必须充分考虑人民群众的需求，提高人民的生活水平和生活质量。中国式现代化强调经济发展必须建立在资源的合理利用和环境保护的基础上，以避免过度开采和环境污染的问题。因此，促进资源型地区的现代化建设就变得尤为重要。然而，资源型地区长期以来存在着过度开采和环境污染等问题，与中国式现代化的理念相矛盾。过度开采资源不仅会导致资源枯竭，而且会对环境造成严重的破坏，给人民群众的生活和健康带来巨大影响。环境污染也会对经济发展产生不利影响，限制着资源型地区实现现代化的进程。资源型地区的现代化建设不仅旨在提高资源利用效率、推动经济可持续发展，更致力于实现人与自然的和谐共生，构建可持续发展的现代化发展模式。在现代化建设过程中，必须充分考虑资源的有限性和环境的脆弱性，坚持以人为本的理念，让人民群众有更好的生活和生态环境。总之，资源型地区的现代化是中国式现代化的重要组成部分。通过以人为本、可持续发展的理念，推动资源的合理利用和环境保护，可以实现资源型地区的现代化建设。只有在实现人与自然的和谐共生和构建可持续发展的现代化发展模式下，才能够实现资源型地区的现代化，为更好的经济发展和人民生活水平的提高奠定坚实基础。

参考文献

［1］朱永昆，许志聪.中国式现代化的丰富内涵及理论超越［J］.济源职业技术学院学报，2023，22（01）：1-5+31.

［2］方世南，马姗姗.从"五位一体"的文明协调发展把握中国式现代化新道路和人类文明新形态［J］.思想理论教育，2021（11）：20-26.

［3］詹国辉，王啸宇.中国式现代化：本质内涵、特征意蕴与路径选择［J］.理论月刊，2023（04）：17-25.

［4］李涛.中国式现代化的科学内涵、时代演进与世界意义［J］.江汉论坛，2023（06）：41-46.

［5］任洁.中国式现代化的历史脉络、科学内涵和实践要求［J］.世界社会主义研究，2023，8（04）：23-32+114.

［6］王青云.资源型城市经济转型研究［M］.北京：中国经济出版社，2003：13.

［7］国务院.关于促进资源型城市可持续发展的若干意见［Z］.2007.

［8］国务院.全国资源型城市可持续发展规划（2013—2020年）［Z］.2013.

［9］习近平.携手同行现代化之路［N］.人民日报，2023-03-16（002）.

［10］洪银兴，杨玉珍.中国式现代化促进人的现代化：内涵与路径［J］.南京大学学报（哲学·人文科学·社会科学），2022，59（06）：5-13.

［11］穆光宗，侯梦舜，郭超，等.论人口规模巨大的中国式现代化［J］.社会科学文摘，2023（04）：5-7.

［12］王长江.人口规模巨大与中国式现代化的开拓［J］.科学社会主

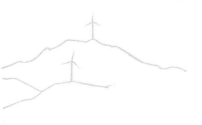

义，2023（02）：21-30.

[13] 宋才发.共同富裕是中国式现代化的重要目标和主要特征 [J].贵州民族研究，2023，44（02）：134-140.

[14] 黄泰岩，韩梦茹.共同富裕的中国式现代化目标、重点和途径 [J].经济理论与经济管理，2023，43（04）：4-12.

[15] 朱嘉琳，陈寿灿，包大为.共同富裕：彰显中国式现代化的"中国特色" [J].观察与思考，2023（04）：90-98.

[16] 张文丽，孙秀玲，潘晔.山西经济周期性波动的特点及成因分析 [J].经济问题，2013（07）：106-110.

[17] 李玉举，肖新建，邓永波.从物质文明和精神文明相协调看中国式现代化 [J].红旗文稿，2023（01）：30-33+1.

[18] 陈锡文.充分发挥农村集体经济组织在共同富裕中的作用 [J].农业经济问题，2022（05）：4-9.

[19] 于舟，万立明.人与自然和谐共生的中国式现代化——基于马克思物质变换思想的分析 [J].经济问题，2023（11）：1-7.

[20] 岳伟，鲍宗豪.改革开放40年我国物质文明与精神文明关系的实践及理论探索 [J].学术论坛，2018，41（05）：60-67.

[21] 安树伟，张双悦.黄河"几"字弯区域高质量发展研究 [J].山西大学学报（哲学社会科学版），2021，44（02）：134-144.

[22] Ying Sun，Yanan Wang，Xue Zhou，Wei Chen.Are shrinking populations stifling urban resilience? Evidence from 111 resource-based cities in China.Volume 141，October 2023：104-458.

[23] 孙久文，张皓.新发展格局下中国区域差距演变与协调发展研究 [J].经济学家，2021（7）：63-72.

[24] 余建辉，李佳洺，张文忠.中国资源型城市识别与综合类型划分 [J].地理学报，2018，73（4）：677-687.

［25］苗长虹，胡志强，耿凤娟，等.中国资源型城市经济演化特征与影响因素：路径依赖、脆弱性和路径创造的作用［J］.地理研究，2018，37（7）：1268-1281.

［26］孙威，王晓楠，刘艳军.高速铁路对中国资源型城市区位的影响［J］.自然资源学报，2019，34（1）：1-13.

［27］Sun W，Mao L X. Are Chinese resource-exhausted cities in remote locations？［J］Journal of Geographical Sciences，2018，28（12）：1781-1792.

［28］张国兴，冯朝丹.黄河流域资源型城市高质量发展测度研究［J］.生态经济，2021，37（05）：20-26.

［29］穆光宗，侯梦舜，郭超，等.论人口规模巨大的中国式现代化：机遇、优势、风险与挑战［J］.中国农业大学学报（社会科学版），2023，40（01）：5-22.

［30］穆光宗.人口优化：人文人口学的使命［J］.探索与争鸣，2019（01）：84-92+143.

［31］曾祥明.数字经济推进共同富裕的理论机理、现实困境与路径优化［J］.湖北大学学报（哲学社会科学版），2023，50（05）：11-20.

［32］政武经.推进中国式现代化要着力实现六大转型［J］.行政管理改革，2023（07）：34-40.

［33］孙明增.物质文明和精神文明相协调的内在逻辑、价值蕴涵和实践指向［J］.道德与文明，2023（05）：13-21.

［34］郑金鹏.习近平关于和平发展重要论述的生成逻辑［J］.河海大学学报（哲学社会科学版），2021，23（04）：7-14+105.

［35］习近平.习近平谈治国理政：第一卷［M］.北京：外文出版社，2014.

［36］孙秋枫，杜莉.以高质量发展带动新时代共同富裕的机理及实

践路径研究〔J〕.福建师范大学学报（哲学社会科学版），2023（04）：93-105.

［37］王家庭，王浩然.中国式区域现代化水平的多维测度：理论逻辑、时空演变与提升路径〔J〕.西安交通大学学报（社会科学版），2023（11）：1-18.

［38］曾嵘，王立胜.中国式现代化是人与自然和谐共生的现代化〔J〕.广西大学学报（哲学社会科学版），2023，45（03）：17-27.

［39］李玲娥，李慧涛，胡壮程，石磊，许琴琴.资源型地区区域协调发展与共同富裕的实现〔J〕.经济理论与政策研究，2022（00）：68-92.

3

资源型地区
现代化的
总体思路

以习近平新时代中国特色社会主义思想为指导，全面贯彻落实党的二十大精神，统筹推进"五位一体"总体布局和协调推进"四个全面"战略布局，立足新发展阶段，完整、准确、全面贯彻新发展理念，服务和融入新发展格局，围绕全方位推进现代化，以深化供给侧结构性改革为主线，以改革创新为根本动力，以满足人民日益增长的美好生活需要为根本目的，加快推进新型城镇化，积极构建现代化产业体系，保障和改善民生，加强生态环境保护和治理，全面拓展开放合作，推动资源型地区加快形成内生动力强劲、人民生活幸福、生态环境优美的发展新局面，全力促进资源型地区迈向现代化。

一、基本原则

（一）坚持改革引领

高质量发展是实现现代化的关键路径，改革是致力于高质量发展的重要保障，创新是推动高质量发展的根本动力。以体制机制改革和创新作为核心着力点，坚持解放思想、实事求是的理念，大胆打破一切不适应当前发展需要的观念和体制机制束缚，突破利益固化的藩篱，构建系统完备、科学规范、运行有效的制度体系，不断增强社会主义现代化建设的动力和活力，并且积极推广各类体制机制创新的经验，以推进改革创新为引领，激发全社会的创新活力。

（二）坚持以人为本

维护人民根本利益、增进民生福祉是发展的根本目的，发展是解决

问题的基础与关键。坚持在发展中保障和改善民生，致力于寻求更多造福民生的利益，解决民生中的问题，努力弥补民生的不足，推动社会的公平正义，维护社会的和谐稳定，保证全体人民在共建共享发展中有更多获得感，不断促进人的全面发展和全体人民共同富裕，使资源型地区广大人民群众共享现代化建设成果，促进社会和谐稳定。

（三）坚持分类引导

科学把握矿产资源不可再生的自然规律，遵循资源型地区阶段性演进发展的经济规律，有效整合各类生产要素，提高要素配置效率。根据资源保障能力和经济社会可持续发展能力的差异，对资源型地区进行科学分类，将资源型地区划分为成长型、成熟型、衰退型和再生型四种类型，发挥各地比较优势，明确不同类型地区的发展方向和重点任务，因地制宜、精准制定政策措施，加强政策支持和资源配置。通过科学分类，可以更好地引导各类地区探索各具特色的发展模式，推动资源型地区的经济社会可持续发展。

（四）坚持开放合作

深入实施开放带动战略，把开放发展作为资源型地区实现现代化的重要动力，拓展开放合作新空间。统筹利用国内和国外两个市场、两种资源，以"一带一路"建设为引领，充分发挥开放平台的功能，加强与京津冀地区、长三角地区和粤港澳大湾区的互动合作，实现内外联动开放的对接和创新，积极承接产业转移，大力发展开放型经济；同时，要注重区域协调发展，促进资源型地区间的合作和交流，实现资源共享和互利共赢。推动企业走出去，探索对内、对外合作方式，全面推进对内、对外开放合作，实现优势互补、互利共赢，发展更高层次的开放型经济。

（五）坚持人与自然和谐共生

牢固树立生态文明理念，强化资源开发规划和管理，坚持把生态环境保护摆在更加突出的位置，实行最严格的生态环境保护制度，严守资源消耗上限、环境质量底线和生态保护红线，以资源环境承载能力为基础，按照主体功能区定位，合理控制区域开发强度，以绿色循环低碳发展为基本途径，大力发展循环经济，推进节能减排和清洁生产，大力推动生产方式和生活方式绿色化，加快建设资源节约型、环境友好型社会，加强生态文明教育和宣传，实现人与自然和谐发展，增强可持续发展能力。

（六）坚持市场主导与政府引导相结合

充分发挥市场在资源配置中的决定性作用，消除行政壁垒和市场障碍，充分激发市场主体活力，加快建成统一开放、竞争有序、制度完备、治理完善的高标准市场体系。更好发挥政府在构建空间开发格局、规范开发秩序、保护生态环境等方面的协调、引导和推动作用，促进要素资源合理流动，力争实现"市场机制"和"政府调节"合力的最大化。

二、战略思路

资源型地区实现现代化需要遵循转型升级、城乡一体、产城融合、四化同步、创新驱动、绿色发展和开放合作等战略思路。各项措施相互关联、相互促进，共同推动资源型地区迈向现代化。

（一）转型升级战略

资源型地区的转型升级是实现现代化的关键。传统的资源型经济模式

已经难以为继，必须通过转型升级来提高经济发展水平。以结构调整和转型升级为目标，瞄准高端产品和高端技术，突出创新驱动和工业化、信息化融合，加快培育发展战略性新兴产业，着力改造提升传统优势产业，加快发展现代服务业，大力发展现代农业，努力构建竞争实力持续增强、创新能力持续提升、高附加值产品不断涌现、特色鲜明突出的现代产业体系。

（二）城乡一体化战略

城乡发展不平衡是资源型地区面临的一个重要问题，在推动城乡一体化发展的过程中，要突破户籍制度的限制，加强农村基础设施建设，改善农民生活条件，推动城市化进程，实现城乡一体化的良性循环。加大统筹城乡发展力度，建立城乡统一的建设用地市场，增强农村发展活力，逐步缩小城乡差距，促进城乡共同繁荣。加快完善城乡发展一体化体制机制，着力推进城乡规划、基础设施、公共服务等方面的一体化进程，强化城乡接合部在统筹城乡中的纽带作用，统筹推进旧城棚户区改造、新城公共服务能力提升和新农村、扶贫新村示范点建设，加快形成以工促农、以城带乡、工农互惠、城乡一体的新型工农、城乡关系。

（三）产城融合战略

产城融合是实现现代化的重要手段。资源型地区应通过产业发展带动城市建设，实现产业与城市的有机融合。坚持以产兴城，以产业加速人流汇聚，以城市促进产业发展，以先进制造业和现代服务业"双轮"为驱动，加快产业向园区聚集、园区向城市靠拢，推动经济从"单一的生产型园区经济"向"生产、服务、消费"多点支撑的城市型经济转变，把工业区建设成为"工业与服务业互动、二产与三产共兴"的现代化新城区，从而实现产业和城市的良性互动，形成不可分割、互相影响的有机整体。

（四）"四化同步"战略

"四化同步"是实现现代化的基础。以新型工业化、信息化、城镇化、农业现代化"四化同步"发展为核心，积极推进信息化和工业化深度融合、工业化和城镇化良性互动、城镇化和农业现代化相互协调，进一步解放思想、抢抓机遇，创新机制、先行先试，探索"四化同步"新路径，积累"四化同步"新经验，构建"四化同步"新模式，形成区域发展新动力。资源型地区要通过加快工业化进程，推动信息技术的应用和普及，加快城镇化进程，提高农业生产水平，实现"四化同步"发展。这将为资源型地区的现代化发展奠定坚实的基础。

（五）创新驱动发展战略

创新驱动是资源型地区实现现代化的核心动力。习近平总书记指出，"当今世界正经历百年未有之大变局，科技创新是其中一个关键变量"。实现高水平科技自立自强成为眼下应对风云莫测的国际大变局的战略安排，也是抢占新一轮科技与产业革命窗口期的战略决策，更是助推中国式现代化道路的战略支撑（陈志，王治喃，2023）。科技创新是实现高质量物质文明的基础。资源型地区要加强创新体系建设，在思想观念、科学技术、体制机制、发展模式等领域推进全面创新，树立创新意识、营造创新环境、激发创新行为、迸发创新活力。加快科技大市场建设，充分发挥高校、科研院所的科技资源优势，加快建立政、产、学、研相结合的创新合作机制，加快产学研联盟建设，支持有条件的企业建立研发平台，加快建立创新研发体系和科技创新公共服务平台，实现高端引领。资源型城市产业结构较为单一，以资源型产业为主，其他产业未对应发展起来，导致产业转型压力大。资源型城市需把创新与区域环境等实际情况相结合，找到适应经济环境和政治环境的新主导产业（张国兴，冯朝丹，2021）。只有

通过创新，才能不断提升竞争力，实现资源型地区的现代化。

（六）绿色发展战略

绿色发展是实现现代化的必要条件。绿色发展要求人类活动与生态环境保持良性关系以实现人与自然和谐发展。资源型地区当前发展困难的主要原因是资源枯竭和生态环境恶化，资源型产业要想实现绿色发展就要改变传统的工业模式，关注低资源消耗、低污染排放和高治理投入的发展模式（张国兴，冯朝丹，2021）。资源型地区在经济发展的同时，要注重环境保护和可持续发展。要推动产业结构的调整，优化资源配置，减少环境污染，提高资源利用效率。同时，要加大对节能环保产业的支持力度，培育绿色产业，推动绿色发展。

（七）开放合作战略

资源型地区要加强开放合作。开放代表城市对外的吸引力和影响力，资源型地区大多地处内陆，需要完善对外开放的政策，从而吸引外资投入，拉动城市发展（张国兴，冯朝丹，2021）。要积极参与国际合作，吸引外资和技术，开拓国际市场，提升资源型地区在全球经济中的地位和影响力。同时，要加强与其他地区的合作，实现资源共享和互利共赢。只有通过开放合作，才能更好地实现资源型地区的现代化。

三、战略重点

资源型地区的现代化不仅关乎当地居民的生活水平和发展前景，更涉及整个国家的经济发展和区域均衡问题。基于资源型地区现代化的五个方面，需要重点关注以下路径：提升城市功能，推进新型城镇化，以集聚适度人口；促进转型升级，构建现代化产业体系，扩大经济规模，做大蛋糕；加强民生保障，构建现代化公共服务体系，以丰富居民的精神生活，同时分好蛋糕；严格生态治理，推进区域可持续发展，实现人与自然和谐共生；深化区域合作，构建高水平开放合作新格局，处理好内外关系。各方面具有同等重要性，只有各个方面的重点都得到关注和落实，资源型地区的现代化才能够取得实质性的进展，为经济社会的可持续发展做出贡献。

（一）提升城市功能，推进新型城镇化

提升城市功能、推进新型城镇化是经济社会发展的必然趋势，是共同富裕的重要支撑，是现代化的重要驱动因素，也是现代化的重要标志。资源型地区实现现代化，应着力推进以人为核心的新型城镇化，使更多人民群众享有更高品质的城市生活；应高度重视农民和农村问题，缩小城乡居民收入和消费差距，使城乡更加均衡地发展（王家庭，王浩然，2023）。资源型地区通常以矿产资源为主导，导致城市发展相对滞后。因此，需要加大力度提升城市功能、推进新型城镇化进程。城市功能主要包括产业发展、就业机会、公共服务和人口聚集四个方面。目前，资源型地区难以吸引人才，这主要是因为城市功能不完善，特别是缺乏高质量的公共服务体系。由于核心城市和中小城市的公共服务能力不平衡，导致各城市的人口吸引力也不平衡。因此，资源型地区新型城镇化必须从人口、产业、公共服务等多要素、多领域展开，提高城市的承载能力和服务水平，提升城市功能。要加强城市规划和建设的科学性和可持续性，优化城市布局，提高居民生活质量。此外，还应加强农村基础设施建设，提供更好的农村公共服务，为农民提供更多的创业就业机会，实现城乡融合发展。在推进新型城镇化的过程中，打破户籍限制，让城乡人口都能在城市中享受公共服务和福利待遇，以集聚适度规模的人口。

（二）促进产业转型升级，构建现代化产业体系

中国式现代化要求的共同富裕需要体现效率与公平，既要做大蛋糕、又要分好蛋糕。经济发展是实现现代化的根本保障，按照到2035年基本实现中国式现代化的要求，按现价计算的人均国内生产总值应达到2万美元左右（何立峰，2021）。按照这一目标，各地区经济规模都需要进一步扩大。因此，必须尊重客观经济规律、充分发挥比较优势、保障民生底线（习近平，2019）。资源型地区通常依赖于资源开发和加工产业，一旦资源枯竭或价格波动，将面临严重的经济困境。对于资源型地区而言，促进转型升级、构建现代化产业体系是实现资源型地区现代化的重要手段。因此，需要通过构建现代化产业体系，培育新兴产业和高技术产业，降低资源依赖度，提高经济发展的稳定性和可持续性。同时，要加大对企业的支持力度，鼓励创新创业，培育具有竞争力的产业集群，扩大经济规模，做大蛋糕。

（三）加强民生保障，构建现代化公共服务体系

资源型地区的现代化不仅仅关乎经济的发展，更关乎当地居民的生活质量和幸福感。加强民生保障是实现资源型地区现代化的重要保障。把促进就业作为保障和改善民生的头等大事，切实抓好政策落实，千方百计扩大就业。坚持全覆盖、保基本、多层次、可持续的方针，以增强公平性、适应流动性、保证可持续性为重点，完善社会保障制度，统筹推进城乡社会保障体系建设。着力解决困难群体基本生活、就医、就学、住房、养老等事关群众切身利益的实际问题。以建设现代化公共服务体系为目标，着力提高公共服务水平和社会管理水平。加快城乡基础设施建设，优先发展教育事业，提高全民健康水平，加大对科技、教育、文化等社会事业的投入力度，推动社会和谐发展。因此，资源型地区应构建现代化公

共服务体系，提供优质的教育、医疗、社保、文化等公共服务，丰富居民的精神生活。同时，要注重分配公平，确保资源型地区的发展成果惠及广大人民群众。

（四）严格生态治理，推进区域可持续发展

人与自然和谐共生是我国走生态优先、低碳发展道路的必然选择（于舟，万立明，2023）。严格生态治理是实现资源型地区现代化的必要条件。资源型地区的过度开发和环境污染问题已经成为制约其可持续发展的重要因素。在现代化的过程中，资源型地区应当合理利用和保护资源，建立人与自然的和谐关系。首先，资源型地区的现代化需要重视环境保护。在资源开发和产业发展的过程中，应采取绿色、低碳、循环的发展模式，减少对环境的负面影响。通过加强环境监控和治理，推行清洁生产，减少污染物的排放，保护自然生态系统的完整性和稳定性。其次，资源型地区的现代化需要注重生态保护。保护自然资源，促进生物多样性的保护和恢复，维护生态平衡。注重生态补偿和环境修复，推动防护林建设、湿地保护、退耕还林还草工程建设，恢复和改善生态环境。最后，资源型地区的现代化还需要重视人与自然的和谐共生。注重文化遗产的保护和传承，弘扬自然保护的理念和价值观。促进生态文明教育，提高人们的环境意识和生态责任感，塑造绿色生活方式和消费习惯。因此，资源型地区需要加强对资源开发的监管，推进绿色发展，保护生态环境。通过生态修复、水源保护、减少污染等措施，实现人与自然的和谐共生。

（五）深化区域合作，构建高水平开放合作新格局

深化区域合作是实现资源型地区现代化的有效路径。区域经济合作有利于促进各种资本、物资、技术、人才、信息等生产要素在地区间的合理流动（安树伟，等，2002）。资源型地区的现代化需要充分发挥区域合作

的优势和互补性，共同解决资源短缺、市场不足等问题。应坚持实施更大范围、更宽领域、更深层次、更加积极主动的开放战略，推动共建"一带一路"高质量发展，强化开放大通道建设，深化区域合作，协同促进国内国际双循环，构建更高水平开放合作新格局（安树伟，张双悦，2021）。深化资源型地区区域合作，一方面，要面向国内和国际两个市场，积极对外开放。资源型地区应抓住"一带一路"倡议的机遇，积极参与新亚欧大陆桥、中蒙俄、中国—中亚—西亚等国际经济合作走廊建设，进而促进资源型地区之间的合作；在积极对外开放的同时也要积极对接京津冀协同发展、长三角一体化发展、粤港澳大湾区建设等国家区域发展战略。另一方面，要不断完善跨区域合作机制。区域合作面临着多种有形的和无形的交易成本，构建跨区域合作机制是降低交易成本的关键。建立多元合作机制，需要政府、企业、社会组织、公众共同参与，充分发挥各区域主体的积极性。通过加强跨地区的经济合作、科技交流和人才流动，共同推动资源型地区的现代化进程，并处理好内外关系，实现共赢发展。

四、战略目标与阶段

资源型地区应加快推进新型城镇化，提高承载能力，适度集聚人口，加快构建现代化产业体系，发展全过程人民民主，丰富人民精神世界，促进人与自然和谐共生，强化开放合作，推动构建人类命运共同体，创造人类文明新形态。

（一）2023—2025年

到2025年，资源型地区资源能源安全保障能力大幅提升，经济发展潜力充分发挥，创新引领、加快转型、多元支撑的现代产业体系基本建立，公共服务体系普遍覆盖，绿色宜居环境初步形成，民生福祉不断增进。

一是质量效益全面提高。传统产业优化升级，新兴产业快速发展，新产业、新业态、新模式不断涌现，高端装备、新能源新材料、康养等新产业不断壮大，现代高效生态农业、文化创意、精品旅游、现代金融服务持续做优，产品和服务质量持续升级。创新对经济发展的支撑作用不断增强，全要素生产率明显提高，消费对经济增长贡献持续加大，开放型经济体系基本形成，对外贸易比重不断上升，经济发展动力显著增强。能源使用效率大幅提高，基本实现生产要素投入少、资源环境成本低、经济社会效益好的发展目标。

二是区域发展均衡性显著提高。随着区域协调发展战略、乡村振兴战略、精准扶贫战略的实施，城镇化水平快速提高，城镇化质量明显改善，农业从业人口比重进一步下降，农业生产方式得到逐步完善，农村人口有序向城市转移，基本形成统一的劳动力市场，城乡、地区之间差距明显缩小，区域发展基本协调。

三是全民共享发展成果。政府调节职能逐步加强，在推动经济增长的同时收入分配不平等状况进一步改善，社会保障进一步完善，基本实现公共服务均等化，人民生活逐步改善，共同富裕迈出坚实步伐。

四是绿色发展成效显著。能源资源使用效率大幅提高，能源和水资源消耗、建设用地规模、碳排放总量得到有效控制。人居环境持续改善，生产方式和生活方式绿色低碳化水平得到新提高。超额完成国家和省下达的单位生产总值能耗和主要污染物排放降低的目标任务，生态保护和环境治理保持全省前列。绿色产业体系加快发展，形成一批具有示范引领作用的循环经济联合体。

五是开放型经济新优势全面形成。积极融入国家区域发展战略，对内对外双向开放持续扩大，贸易投资便利化程度显著提升，区内区外要素有序流动、资源高效配置、市场深度融合，区域竞争合作能力大幅提高，建

设高水平的外向型经济取得初步成效。

（二）2026—2035年

到2035年，改革的系统性、整体性、协同性进一步提高，资源保障有力、经济充满活力、生态环境优美、人民安康幸福的资源型地区高质量发展目标基本实现，与全国同步实现社会主义现代化。

参考文献

［1］李玉举，肖新建，邓永波.从物质文明和精神文明相协调看中国式现代化［J］.红旗文稿，2023（01）：30-33+1.

［2］陈锡文.充分发挥农村集体经济组织在共同富裕中的作用［J］.农业经济问题，2022（05），4-9.

［3］于舟，万立明.人与自然和谐共生的中国式现代化——基于马克思物质变换思想的分析［J］.经济问题，2023（11），1-7.

［4］岳伟，鲍宗豪.改革开放40年我国物质文明与精神文明关系的实践及理论探索［J］.学术论坛，2018，41（05），60-67.

［5］安树伟，张双悦.黄河“几”字弯区域高质量发展研究［J］.山西大学学报（哲学社会科学版），2021，44（02），134-144.

［6］张国兴，冯朝丹.黄河流域资源型城市高质量发展测度研究［J］.生态经济，2021，37（05），20-26.

［7］陈志，王治喃.科技自立自强与中国式现代化道路——基于物质文明和精神文明相协调的视角［J］.中国科技论坛，2023（06），9-14.

［8］王家庭，王浩然.中国式区域现代化水平的多维测度：理论逻辑、时空演变与提升路径［J］.西安交通大学学报（社会科学版），2023（11）：1-18.

第四章

资源型地区加快推进新型城镇化

城镇化是伴随工业化发展的自然历史过程，是一个国家和地区现代化的必由之路和重要标志。国家确立了以人为核心的新型城镇化战略，资源型地区推进以人为核心的新型城镇化是保持经济持续健康发展的强大引擎，是深化供给侧结构性改革和实施扩大内需战略的重要结合点，是加快构建现代化产业体系的重要抓手，是集聚适度人口的重要途径，是推动区域协调发展的有力支撑，是促进社会全面进步的必然要求。城市是生产、生活、消费、创新的中心，可以聚集人口和经济活动，产生规模经济效应（付敏杰，2021）；同时也是吸收和酝酿新思想、新技术的主要阵地，能够对周边地区产生辐射效应，带动周边地区发展。当城镇化发展到一定阶段之后，还可能产生改善收入分配、缩小城乡收入差距的效果（万广华，等，2022）。新型城镇化旨在通过优化城市空间布局、缩小城乡差距、促进社会公平正义、保持经济健康发展等方式集聚适度人口、推动共同富裕进程（赵丽琴，李琳，王天娇，2023）。新形势下，资源型地区必须牢牢把握城镇化蕴含的巨大机遇，准确研判城镇化发展的新趋势、新特点，妥善应对城镇化面临的风险挑战。

一、资源型地区城镇化的现状与问题

伴随着资源的开发，资源型地区城镇化取得了一系列成效，在城镇化快速推进的过程中，也积累了一些问题。由于农业转移人口市民化进程严重滞后、城乡一体化体制机制不顺畅以及城镇化快速推进中的资源环境消耗过大等，综合表现为城镇化水平总体偏低、城镇化质量不高；城市规模以中小城市为主；城镇化滞后于工业化；资源枯竭型城市发展乏力。这些问题是推进资源型地区集聚人口亟待解决的关键问题，也是发展中的问题，需要理性看待、探索解决。

（一）城镇化水平总体偏低，城镇化质量不高

近年来，资源型地区城镇化水平虽然有所提高，但总体来说仍然偏低。2021年，我国常住人口城镇化率64.72%，户籍人口城镇化率46.7%，二者相差18.02个百分点。资源型地区常住人口城镇化率高于全国的仅有23个地区，户籍人口城镇化率高于全国的仅有47个地区，此外，资源型地区常住人口城镇化率与户籍人口城镇化率相差较大，比如鄂尔多斯相差42.32个百分点、榆林相差39.56个百分点（表4-1）。总体上，大多数资源型地区的城镇化率偏低，农村转移人口市民化进程明显滞后，城镇化质量不高。

表4-1　2021年我国资源型地区城镇化率

省份	城市	常住人口城镇化率（%）	户籍人口城镇化率（%）	省份	城市	常住人口城镇化率（%）	户籍人口城镇化率（%）
河北	张家口	67.12	40.61	河南	三门峡	58.03	42.04
	承德	57.67	37.20		洛阳	65.88	48.14
	唐山	65.42	50.20		焦作	63.73	48.66
	邢台	54.74	44.75		鹤壁	61.71	42.69
	邯郸	59.59	48.35		濮阳	51.01	31.49
山西	大同	73.38	56.01		平顶山	54.45	39.12
	朔州	62.74	37.04		南阳	51.61	31.44
	阳泉	71.93	58.02	湖北	鄂州	—	50.00
	长治	57.39	40.71		黄石	—	49.08
	晋城	63.55	45.05	湖南	衡阳	55.23	33.76
	忻州	54.74	33.77		郴州	72.04	40.80
	晋中	60.91	41.79		邵阳	53.04	26.93
	临汾	54.15	35.20		娄底	47.76	27.68
	运城	50.26	27.68	广东	韶关	58.13	45.70
	吕梁	54.28	32.14		云浮	44.55	40.07

省份	城市	常住人口城镇化率（%）	户籍人口城镇化率（%）
内蒙古	包头	86.73	67.86
	乌海	95.88	90.91
	赤峰	53.70	30.62
	呼伦贝尔	74.76	64.40
	鄂尔多斯	78.08	35.76
辽宁	阜新	—	42.22
	抚顺	—	69.15
	本溪	—	70.92
	鞍山	—	53.75
	盘锦	—	65.12
	葫芦岛	—	35.42
吉林	松原	47.68	32.35
	吉林	64.12	52.74
	辽源	58.32	50.00
	通化	61.30	51.43
	白山	79.64	74.34
	延边朝鲜族自治州	76.94	69.52
黑龙江	黑河	—	57.79
	大庆	—	52.21
	伊春	—	87.04
	鹤岗	—	81.25
	双鸭山	—	64.23
	七台河	—	61.33
	鸡西	—	65.45
	牡丹江	—	60.25
	大兴安岭	—	—
江苏	徐州	—	62.71
	宿迁	—	53.98
浙江	湖州	—	46.84
安徽	宿州	45.03	27.58
	淮北	64.78	56.62
	亳州	—	24.22
	淮南	61.91	50.77
	滁州	62.92	41.85
	马鞍山	72.39	54.39
	铜陵	66.33	48.52
	池州	60.09	39.13
	宣城	61.75	32.97

省份	城市	常住人口城镇化率（%）	户籍人口城镇化率（%）
广西	百色	44.56	26.24
	河池	45.93	25.64
	贺州	49.67	18.47
四川	广元	48.06	27.80
	南充	51.22	28.67
	广安	44.86	24.50
	自贡	56.20	35.96
	泸州	51.36	39.84
	攀枝花	69.92	51.85
	达州	50.83	36.67
	雅安	53.55	46.05
	阿坝藏族羌族自治州	42.09	—
	凉山彝族自治州	38.66	—
贵州	六盘水	—	38.89
	安顺	—	41.04
	毕节	—	39.48
	黔南布依族苗族自治州	—	—
	黔西南布依族苗族自治州	—	—
云南	曲靖	50.0	41.52
	保山	36.1	45.66
	昭通	40.5	28.48
	丽江	48.6	28.23
	普洱	41.5	20.87
	临沧	36.1	24.38
	楚雄彝族自治州	45.8	—
陕西	延安	61.80	39.48
	铜川	64.20	51.28
	渭南	51.07	44.42
	咸阳	57.25	44.18
	宝鸡	58.74	
	榆林	62.10	22.54
甘肃	金昌	78.43	60.00
	白银	57.69	41.67
	武威	48.22	41.18
	张掖	52.52	41.98
	庆阳	43.13	28.52
	平凉	46.02	36.21
	陇南	37.28	31.69

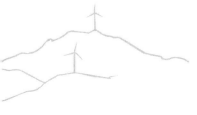

续表二

省份	城市	常住人口城镇化率（%）	户籍人口城镇化率（%）	省份	城市	常住人口城镇化率（%）	户籍人口城镇化率（%）
福建	南平	60.0	36.83	宁夏	石嘴山	—	60.81
	三明	63.7	37.98	新疆	克拉玛依		96.88
	龙岩	63.6	47.32		巴音郭楞蒙古自治州	—	—
江西	景德镇	65.94	49.71		阿勒泰	—	—
	新余	74.14	44.80	山东	东营	71.51	58.59
	萍乡	68.77	49.25		淄博	74.63	62.67
	赣州	56.35	33.23		临沂	55.97	42.71
	宜春	57.38	42.17		枣庄	60.04	49.06
青海	海西蒙古族藏族自治州	—	—		济宁	61.19	50.73
					泰安	64.81	53.08

资料来源：根据《中国城市统计年鉴（2022）》、相关省份统计年鉴及相关地区（自治州）统计公报整理计算。

注："—"表示没有找到相关数据。

（二）城市规模以中小城市为主

根据国务院2014年10月印发的《国务院关于调整城市规模划分标准的通知》（国发〔2014〕51号）中的标准，对资源型地区进行划分。从城市规模来看，以建成区常住人口测算，资源型地区缺乏Ⅰ型大城市，且资源型城市以中等城市和Ⅰ型小城市为主，中等城市占到36.8%、Ⅰ型小城市占到36.0%（表4-2）。总体上，资源型地区的城市规模主要以中小城市为主，且存在收缩趋势。

表4-2　2021年我国资源型地区按城市规模的分类

类型	数量（个）	比重（%）	名　称
Ⅱ型大城市 100万—300万人	30	24.0	洛阳、临沂、邯郸、淄博、徐州、唐山、包头、赣州、泸州、南阳、济宁、南充、大庆、鞍山、达州、大同、衡阳、吉林、自贡、淮南、泰安、枣庄、咸阳、宝鸡、抚顺、张家口、延边朝鲜族自治州、凉山彝族自治州、黔西南布依族苗族自治州、楚雄彝族自治州
中等城市 50万—100万人	46	36.8	湖州、东营、长治、平顶山、赤峰、本溪、宿迁、焦作、盘锦、邢台、曲靖、马鞍山、淮北、阜新、晋中、牡丹江、郴州、邵阳、黄石、攀枝花、韶关、榆林、滁州、宜春、铜陵、鸡西、濮阳、临汾、阳泉、宿州、承德、运城、广元、六盘水、渭南、娄底、乌海、鄂尔多斯、晋城、三门峡、萍乡、鹤壁、葫芦岛、龙岩、黔南布依族苗族自治州、巴音郭楞蒙古自治州
Ⅰ型小城市 20万—50万人	45	36.0	鹤岗、景德镇、松原、朔州、通化、延安、毕节、新余、双鸭山、石嘴山、广安、辽源、克拉玛依、安顺、伊春、三明、铜川、七台河、亳州、百色、白山、宣城、南平、保山、河池、昭通、白银、武威、忻州、吕梁、呼伦贝尔、池州、鄂州、平凉、云浮、张掖、贺州、普洱、丽江、庆阳、雅安、临沧、大兴安岭地区、阿坝藏族羌族自治州、海西蒙古族藏族自治州
Ⅱ型小城市 20万人以下	4	3.2	陇南、金昌、黑河、阿勒泰

资料来源：根据《中国城市建设统计年鉴（2021）》及相关地区（自治州）统计公报整理计算。

（三）城镇功能短时间内难以提升

城镇功能的提升与城镇化所处阶段、经济发展水平密切相关。由于资源型地区的经济主要依靠资源采集和加工，在城市化发展的过程中，城市的产业结构较为单一，多元化的产业支撑不足。资源型地区大多经济发展水平较为滞后，财政收入不足，这使得短期内产业发展、公共服务等城镇功能提升面临着一定的困难；再加上周边大城市对劳动力要素的虹吸效应会长期存在，资源型地区人口集聚和吸纳就业功能必然受到影响，短期也难以提升。

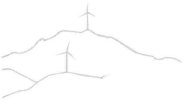

（四）资源枯竭型城市发展乏力

随着资源的逐渐枯竭，资源型地区面临着严重的发展困境。2008—2011年，国家发展和改革委员会分三批确定了69个资源枯竭型试点[①]，其中资源枯竭型地区试点25个（表4-3）。这些地区涉及森工、煤炭、油气、非金属、黑色、有色、综合类地区，为国家经济建设做出了巨大的贡献，也付出了沉重的代价。在资源长期大量开采的同时，引发了生态破坏、环境污染、水位下降、地质灾害、人员失业等一系列问题，导致资源枯竭型地区发展乏力。

表4-3　我国资源枯竭型地区试点名单

地区	省（区）	第一批（2008年）（10个）	第二批（2009年）（8个）	第三批（2011年）（7个）
东北（10个）	黑龙江	伊春（森工）大兴安岭地区（森工）	七台河（煤炭）	鹤岗（煤炭）双鸭山（煤炭）
	辽宁	阜新（煤炭）盘锦（油气）	抚顺（煤炭）	—
	吉林	辽源（煤炭）白山（森工）	—	—
中部（8个）	江西	萍乡（煤炭）	景德镇（非金属）	新余（黑色）
	河南	焦作（煤炭）	—	濮阳（油气）
	安徽	—	淮北（煤炭）铜陵（有色）	—
	湖北	—	黄石（综合）	—
东部（2个）	山东	—	枣庄（煤炭）	—
	广东	—	—	韶关（有色）
西部（5个）	宁夏	石嘴山（煤炭）	—	—
	甘肃	白银（有色）	—	—
	陕西	—	铜川（煤炭）	—
	内蒙古	—	—	乌海（煤炭）
	四川	—	—	泸州（综合）

[①]试点包括地级市、地区、县级市、市辖区，共计69个。

二、资源型地区推进新型城镇化的发展环境

（一）机遇

近年来，随着国家对资源型地区的重视，新型城镇化战略的深入实施以及乡村振兴的大力推进，资源型地区推进新型城镇化正面临着许多机遇。

1.国家高度重视资源型地区的发展

党的十八大以来，国家发展和改革委员会同有关部门持续加强对资源型地区的政策指导和资金支持，资源型地区民生状况明显改善、经济实力不断增强、资源保障更加有力、生态环境稳步恢复。"十三五"期间，全国资源型城市累计改造棚户区近18亿平方米，集中连片棚户区改造任务全面完成。地区生产总值年均增长6%，采矿业增加值占地区生产总值的比重降至5.5%。资源产出率累计提高超过36%。主要污染物排放总量大幅减少。全国累计完成采煤沉陷区治理面积约490万亩（1亩≈666.67平方米），支持近100个独立工矿区实施了改造提升工程。资源型地区转型发展是一个世界性难题。由于我国资源型地区历史遗留问题较多、转型工作起步相对较晚、体制机制和政策措施仍有待健全，"十四五"时期推动资源型地区高质量发展，仍需要进一步完善政策、系统推进。2021年11月，为推进"十四五"时期资源型地区高质量发展，国家发展改革委、财政部、自然资源部联合印发了《推进资源型地区高质量发展"十四五"实施方案》，为新时期进一步推进资源型地区高质量发展指明了方向。

2.国家深入实施新型城镇化战略

党的十八大以来，以习近平同志为核心的党中央高度重视城镇化工作，召开中央城镇化工作会议，明确了推进城镇化的指导思想、主要目标、基本原则、重点任务，推动我国城镇化建设取得历史性成就。党的十九届五中全会发布的《中共中央关于制定国民经济和社会发展第十四个

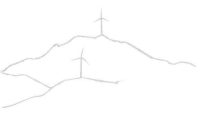

五年规划和二〇三五年远景目标的建议》强调"推进以人为核心的新型城镇化",明确了新型城镇化的目标任务和政策举措。这是以习近平同志为核心的党中央深刻把握我国城镇化发展规律,着眼于到2035年基本实现新型城镇化做出的重大战略部署,为"十四五"和未来一个时期推进新型城镇化工作指明了前进方向、提供了基本遵循。2022年5月6日,中共中央办公厅、国务院办公厅印发的《关于推进以县城为重要载体的城镇化建设的意见》发布。《国家新型城镇化规划(2021—2035年)》,明确了推进城镇化的指导思想、主要目标、基本原则、重点任务。现阶段,资源型地区已迈入工业化中期阶段,作为国家重点的能源资源保障地,需要立足自身实际,走好工业化、城镇化、农业现代化协调发展的路子。国家深入实施新型城镇化战略,为资源型地区推进城镇化战略转型、提高城镇化质量、走新型城镇化道路勾画出了基本的走向脉络。2022年6月,国家发展改革委印发了《"十四五"新型城镇化实施方案》,对"十四五"时期新型城镇化建设的重点任务做出了系统安排,这是贯彻落实《国家新型城镇化规划(2021—2035年)》的重大举措。进入城镇化发展中后期,城市发展必须由"外延式扩张"为主向"内涵式发展"为主转变,既要解决好快速城镇化过程中积累的一些突出短板风险,也要有效满足不同群体的多样化品质化需求。新型城镇化战略的深入实施为资源型地区提供了重要机遇。

3.国家大力推进乡村振兴

党的二十大报告提出"全面推进乡村振兴。全面建设社会主义现代化国家,最艰巨最繁重的任务仍然在农村。坚持农业农村优先发展,坚持城乡融合发展,畅通城乡要素流动。加快建设农业强国,扎实推动乡村产业、人才、文化、生态、组织振兴"。乡村振兴是新时期我国扶贫开发的重大战略转型,是我国政府当前和今后一段时期实现共同富裕的战略重点。乡村振兴的核心目标是改善农村发展环境和促进农民增收致富,实现城乡发展的协调和平衡。政府将加大对农村的投入，提供更多的政策支持和财政补贴，推动农村基础设施建设和农业现代化。同时，加强农村人才培养和技术创新，提升农村经济发展的内生动力。

（二）挑战

随着经济的迅速发展和城市化进程的推进，资源型地区的城镇化发展面临着一系列的挑战。其中，城市建设用地条件差、人口向大城市集聚、返贫现象比较普遍等问题成为资源型地区城镇化发展的主要瓶颈。

1.城市建设用地条件较差

资源型地区在城镇化进程中受自然地形和土地指标限制影响较大。城镇化水平的提高伴随着人口和产业的集聚、城市建成区面积的扩大和耕地面积的减少，资源型地区的自然条件限制了城镇化用地规模的扩张。由于资源型地区的特殊性，往往存在大量的矿产资源开发区域和环境敏感区，这给城市建设带来了很大的限制，导致城市化发展的用地供给短缺。开发用地的需求与保护生态环境之间存在紧张的矛盾，因此城市建设用地面临着很大的压力和限制。此外，由于资源类型的限制，城市在用地规划上的选择也相对有限，很难实现用地资源的最优配置和合理利用。随着新型城镇化建设步伐的加快，一批重大项目会陆续开工建设，新批建设用地指标紧缺，土地制度等制度性约束近期难以破解，城市建设用地供给矛盾逐步显现。

2.人口外流现象严重

现阶段，人口向大城市集聚仍是大趋势，必然会对资源型地区的要素资源尤其是劳动力资源形成较强的虹吸效应。大城市具有较高的经济发展水平和更多的就业机会，这吸引了大量的人口流向这些地区。与此同时，资源型地区的经济发展水平相对较低，提供的就业机会也有限。此外，资源型地区的基础设施建设和公共服务水平也无法与大城市相媲美，这进一

步加剧了人口流失的问题。因此，大城市成为年轻人和有一定技能的劳动力的首选目的地。资源型地区与非资源型地区在经济发展整体水平方面仍存在较大差距，人口流失是资源型地区需面临的现实挑战。

3.返贫问题比较普遍

返贫问题在资源型地区的城镇化过程中比较普遍。资源型地区贫困人口劳动力素质较低，劳动力转移就业困难，虽然城市化发展能够带来更多的就业机会和经济增长，但同时也存在一定的不平等现象。在城市化发展的过程中，一部分群体可能因为技能和教育水平的限制无法适应新经济的需求，从而使他们在城市中陷入返贫的困境。此外，因灾、因病、因学的脱贫户重新返贫的问题依然存在，没有形成因地制宜的脱贫长效机制，实现当前脱贫、长远可持续发展的目标任重而道远。这种现象的存在不仅影响了城市发展的可持续性，也增加了社会的不稳定因素。

三、资源型地区推进新型城镇化的总体思路

党的二十大报告提出了"推进以人为核心的新型城镇化，加快农业转移人口市民化"。城镇化是资源型地区实现现代化的必由之路，是满足人民日益增长的美好生活需要的重要途径。随着中国经济的快速发展和城市化进程的加速推进，资源型地区逐渐成为推动新型城镇化的重点地区。当前，中国城镇化进程已从加速推进进入减速推进时期，也从注重数量增长进入追求质量提升的关键时期（魏后凯，李玏，年猛，2020）。在推进城镇化的过程中，要顺应城镇化的客观规律，注重促进城镇化高效可持续发展，以乡村振兴和城镇城市化为重点，让农民共享城镇化发展成果，以高质量城镇化助推现代化。

（一）促进城镇化高效可持续发展

结合资源型地区地域空间及相应的社会生产、资源禀赋等条件，建立区域大生态格局。一方面，要对区域内部进行绿化建设；另一方面，针对生产和生活的结合地带，及县域边缘地区进行统一规划，建立生态农业系统工程和绿化系统工程，建立大生态格局。以生态文明的理念为引领，构建绿色产业体系，形成绿色消费模式，增强绿色保障能力，实现人与自然和谐共生。切实转变经济发展方式，坚定不移地走绿色工业化和循环经济的路子，努力把资源与生态优势转化为产业优势和经济发展优势。紧紧抓住国家加强生态文明建设的重大机遇，在推进工业化和城镇化过程中，大力发展循环经济，用循环经济理念引导区域产业转型升级。在城镇化过程中，优质的基础设施是不可或缺的，尤其是道路、电力、供水等基础设施的完善，可以为城市的发展提供稳定的支撑。此外，还需要推动数字化建设，加快信息网络的覆盖范围，提高资源型地区城市的信息化水平，从而推动经济发展。

（二）以乡村振兴和城镇化为重点

资源型地区城镇化建设与发展必须充分考虑区域内部自然条件和社会经济条件的显著差异性。目前，资源型地区资源环境承载能力有限，决定了其城镇化不宜大规模展开，发展阶段重点是乡村振兴及城镇城市化。乡村振兴是农村发展的全新理念，旨在通过改善农村产业结构、提高农民收入水平、改善农村生活条件等，实现农村经济的可持续发展。同时以小城镇体系建设为重点，并根据资源环境与经济社会功能定位，科学预测城镇人口的合理规模，使得资源型地区可以承载适度的人口，更要注重城镇化进程中的城镇质量提高问题，也包括城镇防灾减灾能力的提升问题，以及城镇功能的优化问题，努力实现乡村振兴和城镇化的互利共赢。

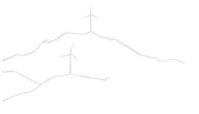

（三）以人为本，让农民共享城镇化发展成果

资源型地区应以人为本，关注农民的利益和福祉。农民是中国社会的基础和中坚力量，他们是城市化进程中最重要的群体。因此，在城镇化的推进过程中，要将农民的利益放在首位，充分尊重他们的需求和权益。要通过改善农村基础设施、提供公共服务、加强农村金融支持等手段，为农民提供更好的发展机会和保障，提高农民生计选择能力和适应性，有序促进农民工市民化，让他们在城镇化中共享发展成果。

四、资源型地区加快推进新型城镇化的重点任务

当前，中国已经进入高质量城镇化的新时期，全面提高城镇化质量，实现高质量城镇化目标，是中国推进城镇化的首要任务（魏后凯，李玠，年猛，2020）。在推进中国式现代化的背景下，资源型地区应以加快农业转移人口市民化为首要任务，加快融入都市圈、城市群，加强区域性中心城市建设，提升城镇功能品质，全面推进乡村振兴。

（一）加快推进农业转移人口市民化

城市是现代化建设的"火车头"，促进有能力在城镇稳定就业生活的农业转移人口有序实现市民化，是新型城镇化的首要任务（刘大志，2023）。资源型地区农业转移人口市民化进程严重滞后，需要全面取消城市落户限制，重点解决好已进入城市的农业转移人口的市民化问题，包括提供教育、医疗、住房等基本权益，并提供平等的就业机会和职业培训，让他们真正融入城市社会，享受到城市的发展成果。同时，要稳步推进城镇基本公共服务对常住人口的全覆盖，这意味着要扩大城市公共设施的建设规模，提高基础设施的质量和服务水平，因此，进一步完善相关配套改

革和市民化成本分担与利益协调机制，建立健全的土地流转机制，探索有效的农民"带地进城"的途径。加快缩小常住人口城镇化率与户籍人口城镇化率的差距，并最终实现两者并轨。积极探索推进就地就近城镇化，把具备一定产业基础作为首要前提，紧密结合促进土地流转和适度规模经营，加强农民工创业培训。着力解决国有工矿区和林区城镇化问题，有计划有步骤地实施生态移民，加大基础配套设施的建设力度，为新建的城镇提供良好的生活和发展环境。加快推进棚户区改造，提高居民的生活水平，改善城市的面貌。

（二）加快融入都市圈、城市群

优化城镇化空间布局和形态，以城市群、都市圈为依托促进大中小城市和小城镇协调发展是关键。资源型地区单纯依靠资源开发已经不能满足经济发展的需要，加快融入都市圈和城市群能够促进资源型地区经济结构的转型。对于距离都市较近的资源型城市，应和都市错位发展，作为都市的一个功能区，和都市形成一定分工，不再追求城市规模扩大和功能健全。通过与发达的都市圈和城市群实现紧密合作，资源型地区可以借鉴其先进的产业结构和经济发展模式，加速推进产业升级和转型。例如，开展跨行业合作，引进先进的技术和管理经验，使资源型地区的企业实现从传统的资源开发型向技术创新型、高附加值产业发展的转变，进而提高地区经济的竞争力。这样的举措不仅有助于优化资源配置，提高资源的利用效率，还能够促进区域经济的协同发展，实现资源型地区的转型升级。

（三）加快建设区域性中心城市

区位条件较好、腹地较大的资源型城市，应加快建设区域性中心城市，通过改善营商环境、发展接续产业，推动产业多元化发展，并不断完善城市功能，与周边城市和农村建立合作关系，辐射带动周边地区共同发

展。按照完善功能、优化服务、集聚人口、增强影响的思路，进一步提升资源型地区教育医疗、商贸金融和文化体育等功能，加快建设区域教育中心、医疗中心和商贸服务中心，不断增强人口集聚能力，努力成为区域发展的引领区和辐射源。推动城市交通、水利、能源等基础设施建设，加强生态环境保护，提高基本公共服务水平，壮大特色优势产业，提高城市交通枢纽地位和增强综合承载能力，增强对人口集聚和服务的支撑能力。资源型城市人口规模普遍不大，应通过培育经济增长极，聚集产业和人口，使之尽快发展成为辐射带动能力强的现代化区域性中心城市。推动老城棚户区改造，加快低端功能区替换更新。强化城市精细管理，积极推进智慧城市建设，构建广泛互联的城市智能公共服务体系。大力开展全国文明城市、国家卫生城市、国家园林城市、国家森林城市创建活动，营造良好的生态环境和人文环境。

（四）提升城镇功能品质

加强基础设施建设，统筹实施地下管网改造工程，推动垃圾分类和生活垃圾存量治理项目建设，大力实施城市畅通工程，牢固树立"大安全"理念，加快基础设施向农村延伸。完善对外交通通道及设施，增强区域交通枢纽或节点功能。优化公共设施布局和功能，优化医院和学校布局，增加文化体育资源供给，积极拓展绿化空间，营造现代时尚的消费场景，提升城市生活品质。积极创新城市治理方式，加快构建数字化城市管理平台，提高城市管理智能化、人性化水平，全面提升城市人居环境。注重文化传承、突出城市特色，在融入现代元素的同时，更加注意保护和弘扬优秀传统文化，延续城市历史文脉。

（五）全面推进乡村振兴

资源型地区全面推进乡村振兴需要巩固拓展脱贫攻坚成果、实施乡村建设行动、深化农业农村改革和大力培育新型职业农民。首先，巩固拓展脱贫攻坚成果是推进资源型地区乡村振兴的重要基础，在资源型地区，贫困人口相对较多，脱贫攻坚任务十分艰巨，必须巩固拓展脱贫攻坚成果，防止返贫现象的发生。其次，实施乡村建设行动是推进资源型地区乡村振兴的重要保障，资源型地区的土地、环境等资源优势为乡村建设提供了良好条件，应加强基础设施建设，改善农村生活条件，提高农民生活品质。发展农村旅游，利用资源优势打造特色乡村，吸引游客，促进农民增收。再次，深化农业农村改革是推进资源型地区乡村振兴的重要动力，要进一步深化国土制度改革，推进农村土地制度改革，促进土地流转和规模经营，提高农业生产效率。最后，要大力培育新型职业农民，新型职业农民是新时代农村发展的重要力量，要加强农业人才培养，提高农民的素质和能力。只有通过各方面的努力，才能实现农村经济的转型升级和农民生活的改善，推进资源型地区乡村振兴迈上新台阶。

五、资源型地区加快推进新型城镇化的对策

资源型地区推进新型城镇化是一个复杂而烦琐的过程，需要从城市规划、基础设施建设、城市更新改造、防灾减灾能力和智慧城镇建设等多个方面进行综合施策。只有通过这些措施的有力推进，才能够实现资源型地区城镇化的高质量发展，推动资源型地区实现经济转型升级和可持续发展。

（一）强化城市规划管理

强化城市规划管理是推进新型城镇化的关键步骤。资源型地区的城市规划通常存在缺乏整体性、前瞻性和可持续性的问题，需要加大政府对城

市规划的引导与管理力度。政府应当积极倡导和引导资源型地区城市规划与经济社会发展的协调一致，制订出科学、合理的城市规划方案。突出规划引领，有序进行新型城镇化发展规划、控制性详细规划编制和城市设计工作，加强与国土空间规划的有机衔接，基本形成"多规合一"城市规划体系。全面推行国土空间规划委员会和专家咨询委员会制度，加强规划执行监督，确保规划的严肃性和权威性。深入进行城市体检，严格执行建设约束性指标，建立发现问题、整改问题、巩固提升的协同工作机制，致力于解决城市管理难题。

（二）推进现代化基础设施建设

加快推进现代基础设施建设，有助于为资源型地区推进高质量城镇化奠定良好的基础，提高资源型地区的吸引力。加大对交通、电力、水利等基础设施的投资力度，提高基础设施的覆盖率和运行效率，为城镇化提供良好的物质基础。加大城市给排水、供热、供气和垃圾收运处理等市政公用设施的建设改造力度，加快建设一批污水处理、大气污染防治等环保项目。结合城区工矿废弃地整理，建设总量适宜、景观优美的城市绿地和景观系统。完善交通运输网络，有序推进煤炭、矿石、石油等运输专线和多种方式统筹布局的货运枢纽站场建设，支持符合条件的城市建设支线机场。加大支持力度，解决资源枯竭城市基础设施落后、基本公共服务缺失问题。加强城区与工矿区联系，推动城区市政公用设施向矿区、林区对接和延伸。

（三）有序推进城市更新改造

促进城镇建设用地集约高效利用，实行增量安排与消化存量挂钩，严格控制新增建设用地规模，推动低效用地再开发。重点在老城区推进以老旧小区、老旧厂区、老旧街区、城中村等"三区一村"改造为主要内容的城市更新改造，探索政府引导、市场运作、公众参与模式。因此，政府要制定出科学的城市更新规划，推动老旧城区和工业园区的改造。开展老旧小区改造，推进水电路气信等配套设施建设及小区内建筑物屋面、外墙、楼梯等公共部位维修，促进公共设施和建筑节能改造，有条件的加装电梯，打通消防通道，统筹建设电动自行车充电设施，改善居民基本居住条件。基本完成老旧厂区改造，推动一批大型老旧街区发展成为新型文旅商业消费集聚区，因地制宜将一批城中村改造为城市社区或其他空间。注重改造、活化既有建筑，防止大拆大建，防止随意拆除老建筑、搬迁居民、砍伐老树。要通过改善城市环境、提升居住条件、更新交通设施等方式，提高城市的吸引力和竞争力，吸引更多的人口和企业进入资源型地区。

（四）增强防灾减灾能力

资源型地区一般存在地质灾害和矿井治理等问题，容易导致安全事故和自然灾害。因此，政府要加大对防灾减灾工作的投入，提高资源型地区的防灾减灾能力。要加强地质灾害的监测预警、矿井治理的安全管理，提升资源型地区的安全防护能力。系统排查灾害风险隐患，健全灾害监测体系，提高预警预报水平。采取搬迁避让和工程治理等手段，防治山洪、泥石流、崩塌、滑坡、地面塌陷等地质灾害。开展既有重要建筑抗震鉴定及加固改造，新建建筑要符合抗震设防强制性标准。同步规划布局高层建筑、大型商业综合体等人员密集场所的火灾防控设施，在森林、草原与城镇接驳区域建设防火阻隔带。合理布局应急避难场所，改进体育场馆等公共建筑和设施应急避难功能。完善供水、供电、通信等生命线备用设施，加强应急救灾和抢险救援能力建设。建设一批综合性国家储备基地，建立地方和企业储备仓储资源信息库，优化重要民生商品、防疫物资及应急物资等末端配送网络。开展自建房安全专项整治，完善自建房安全体检制度，严厉打击危及建筑安全的违法违规行为。完善和落实安全生产责任

制，建立公共安全隐患排查和安全预防控制体系。

（五）推进智慧城镇建设

推进智慧城镇建设可以为资源型地区推进新型城镇化提供强有力的保障。智慧城镇建设以信息技术为核心，通过智能化手段提高城市管理水平和服务能力。政府要加大对智慧城镇建设的支持，建设智能化的城市管理系统和公共服务平台，提高资源型地区的城市管理和服务水平。智慧城市建设是同步推进城镇化和信息化的重要结合点。一是建设高品质新型基础设施。推进第五代移动通信（5G）网络规模化部署，确保覆盖所有城市及县城，扩大千兆光网覆盖范围。二是提高数字政府服务能力。推行城市数据一网通用、城市运行一网统管、政务服务一网通办、公共服务一网通享，增强城市运行管理、决策辅助和应急处置能力。三是丰富数字技术应用场景。发展远程办公、远程教育、远程医疗、智慧出行、智慧社区、智慧安防和智慧应急等，让人民群众有更多获得感、幸福感、安全感。

参考文献

［1］魏后凯，李功，年猛.“十四五”时期中国城镇化战略与政策［J］.中共中央党校（国家行政学院）学报，2020，24（04）：5-21.

［2］韩笑，赵金元.“十四五”时期都市圈城乡经济一体化：动力机制及创新路径［J］.经济体制改革，2022（03）：55-61.

［3］穆光宗，侯梦舜，郭超，等.论人口规模巨大的中国式现代化：机遇、优势、风险与挑战［J］.中国农业大学学报（社会科学版），2023，40（01）：5-22.

［4］赵丽琴，李琳，王天娇.我国新型城镇化对共同富裕的政策效应研究［J］.经济问题，2023（02）：120-128.

［5］万广华，江葳蕤，赵梦雪.城镇化的共同富裕效应［J］.中国农

村经济，2022（04）：2-22.

　　［6］付敏杰.全球视角的高质量城市化及中国的公共政策取向［J］.社会科学战线，2021（08）：47-58.

　　［7］刘大志.人口规模巨大的中国式现代化：价值内涵、现实理路与实践选择［J］.当代经济研究，2023（09）：39-45.

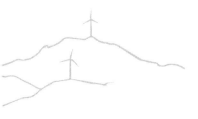

5 第五章

资源型地区加快构筑现代化产业体系

全面建设社会主义现代化国家涉及经济社会发展的方方面面，其中，产业体系的现代化是现代化的核心。现代化产业体系是现代化国家的物质技术基础，是建成社会主义现代化国家的重要标志和关键支撑。建设现代化产业体系，是立足新发展阶段、贯彻新发展理念、构建新发展格局、推动高质量发展的必然要求。优化产业结构，促进产业结构优化升级，构筑现代产业体系，是筑牢资源型地区实现现代化的物质基础。资源型地区现代产业发展虽有一定基础，但与发达地区相比，仍存在较大差距（李江涛，2010）。从发展阶段看，资源型地区整体上处于工业化中期阶段，快速推进工业化将是资源型地区现代产业体系构建的主题。通过工业化的快速推进，带动服务业和特色农业提档升级，应是资源型地区现代产业体系构建的逻辑主线。发展壮大现代产业体系不仅是解放和发展社会生产力、推动经济持续健康发展的内在要求，而且是增强综合国力、增进人民福祉的基础支撑和根本保证。要促进产业链、供应链、价值链质效双升，经济"含金量""含新量""含绿量"全面提高，着力构建现代化产业体系。推进优势资源深度转化是经济发展的关键所在，推动产业结构调整是建设现代化产业体系、增强产业核心竞争力、促进产业迈向全球价值链的重要举措。

一、资源型地区产业体系建设的现状与问题

近年来，资源型地区的产业体系建设虽然取得了一定的成绩，但仍存在一些问题。总体来说，产业体系整体渐进合理，产业比例不够协调；先进制造业发展缓慢，工业整体素质偏低；服务业整体比重偏低，传统服务

业比重较大；区域产业同构水平较高，产业特色不突出。

（一）产业体系整体渐进合理，产业比例不够协调

资源型地区的产业体系整体渐进合理，产业比例不够协调。这主要是由于资源型经济导致的产业结构较为单一。过去，由于资源的丰富，资源型地区主要以资源开发和加工业为主导，其他产业的发展相对滞后。资源型产业的发展长期以来一直是这些地区的经济支柱，过度依赖资源开发使得这些地区的产业结构不够多元化。这种不协调的产业比例使得这些地区在经济发展中存在较大的风险，一旦资源价格波动或资源枯竭，这些地区的产业体系将面临巨大的挑战，影响了整体经济的稳定和可持续发展。

（二）先进制造业发展缓慢，工业整体素质偏低

资源型地区的制造业是以资源密集型制造业为主，且多数是以国有企业为主，民营经济发展薄弱（李玲娥，等，2022）。资源型地区的先进制造业发展缓慢，工业整体素质偏低。资源型地区的经济结构相对单一，主要依靠资源的开采和加工，缺乏对先进制造业的投资和发展。同时，由于长期依赖资源开发，这些地区的工业园区、企业技术研发及人才培养等方面的投入也相对较少，这导致了先进制造业的发展滞后，工业整体素质不高，传统工业产业仍占有重要地位，工业结构不合理、重工业占比较高、自主创新能力弱、产业缺乏核心竞争力，难以适应国际竞争的激烈环境。

（三）服务业整体所占比重偏低，传统服务业所占比重较高

资源型地区的服务业整体所占比重偏低，且传统服务业所占比重较高。服务业是一个国家经济发展的重要组成部分，对促进就业和提高人民生活水平具有重要意义。然而，在资源型地区，由于传统观念的束缚和投资环境的限制，服务业的发展相对滞后，服务业整体所占比重偏低。相

反，传统服务业所占比重较高，这导致了服务业结构不合理，难以满足人民日益增长的需求。

（四）区域产业同构水平高，产业特色不突出

资源型省份内部各地区间产业结构相似，均偏重于资源型产业，在路径依赖作用下制造业被挤出，产业结构转型升级比较困难，产业特色不突出（李玲娥，等，2022）。由于资源型地区的经济发展比较单一，缺乏产业多样性和创新性，造成了产业同构水平较高的情况。同时，由于缺乏特色产业的培育和发展，导致了产业特色不突出，难以实现产业的差异化和竞争优势。

二、资源型地区构建现代化产业体系的总体思路

促进产业结构优化升级，构建现代化产业体系是资源型地区实现现代化的内在要求。全面贯彻党的二十大精神，以习近平新时代中国特色社会主义思想为指导，结合资源型地区资源禀赋及自身发展实际，加快发展新质生产力，赋能产业体系构建，稳步提升资源能源安全保障能力、推动产业结构多元化发展、提高产业链完整度以及智能化与绿色化发展，建立创新引领、加快转型、多元支撑的现代化产业体系。

（一）提升资源能源安全保障能力

提升资源能源安全保障能力是构建现代化产业体系的关键一环。资源型地区既依赖于丰富的自然资源，也面临资源枯竭、环境污染等问题，这给资源能源安全带来了巨大挑战。统筹资源能源开发与保护，强化对战略性矿产资源的调查评估、勘查和开发利用，建立可靠且安全的资源能源储

备、供给和保障体系，提高资源能源供给体系与国内需求的匹配程度。提升资源能源的利用效率，提高重要矿产资源的开采回收率、选矿回收率和综合利用水平，建立科学合理的循环利用模式。积极推动能源结构调整，加大对可再生能源的利用和开发。加强资源能源保障能力的建设，根据资源分布和开发利用情况，规划一系列能源资源基地和国家规划矿区，以打造稳定供应战略性矿产资源的核心区域。加强资源保护和环境治理，完善法律法规，加强监管力度，提高资源能源安全保障能力。

（二）推动产业结构多元化发展

推动产业结构多元化发展是构建现代化产业体系的重要路径。资源型地区传统上以资源开发为主导，产业结构单一、依赖程度高。这种单一结构不仅容易受到国际市场波动的冲击，也限制了地区经济的可持续发展。要改变这种局面，降低对单一资源的依赖，资源型地区应加快转变发展方式，推动产业结构多元化发展。通过发展与当地资源具有关联性的新兴产业、高附加值产业和服务业，减少经济对资源价格波动的敏感性。挖掘和利用资源的潜力，推动资源型产业向资源节约型、循环经济转型。实现经济增长的多元化发展，降低对资源的依赖程度，提高经济抗风险能力。

（三）提高产业链完整度

提高产业链完整度是构建现代化产业体系的重要举措。产业链完整度是衡量产业发展水平的重要指标，也是资源型地区构建现代化产业体系的关键环节。通过加速发展产业链，延伸产业价值链，资源型地区可以提高附加值和利润率，实现经济效益的最大化。为此，资源型地区应加强产业链信息化建设，提高信息传递效率；加强企业间的合作与协同，推动产业链上下游企业的深度融合；加强技术创新，提高产品附加值，提升产业链完整度。鼓励企业从资源开采到加工制造再到销售服务的全产业链布局，提高产业链的完整度和附加值。通过发展中下游产业，延伸价值链，提高资源的综合利用效率和附加值。强化产业协同与配套，促进不同环节之间的合作和优势互补，形成良性循环和集群效应。加速发展产业链供应链，推动产业基础高端化，实现产业结构的数字化发展（孙秋枫，杜莉，2023）。通过数字化技术的应用，优化生产流程，提高生产效率，实现产业链供应链的精细化管理。同时，加强对产业链的监管和规范，提高产业链的可持续发展能力，促进产业结构的优化升级。

（四）推动智能化与绿色化发展

智能化与绿色化发展是构建现代化产业体系的必然要求。随着科技的不断进步，智能化产业已经成为全球发展的趋势。资源型地区应紧跟时代潮流，推动智能化技术在资源型产业中的应用，提高生产效率和质量水平。通过数字化、物联网、人工智能等技术手段，实现资源型产业的智能化转型，提高资源利用效率和生产效率。同时，绿色发展也是资源型地区实现可持续发展的必由之路。资源型地区应增强环境保护意识，强调绿色发展理念，推动绿色制造、绿色能源等绿色产业的发展，减少环境污染和生态破坏，提升资源型地区的可持续发展能力。推广清洁生产技术、循环经济模式，促进绿色产业和低碳经济的发展，实现经济增长与生态环境的良性互动。

三、资源型地区加快构建现代化产业体系的重点任务

坚持走中国特色新型工业化道路，结合资源型地区产业发展基础，围绕主流产业、主导产业、未来产业、辅助产业，遵循当前能见效、短期离不开、未来必须有、支撑要有力的方针，依靠科技创新推动产业结构优化升级，加快培育战略性新兴产业，加快发展壮大服务业，完善现代产业

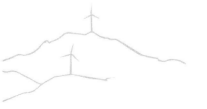

体系，提高产业核心竞争力。大力发展先进制造业（主流产业，当前能见效），巩固发展能源重化工业（传统主导产业，短期离不开），开拓发展人工智能与大数据产业（产业发展方向，未来必须有），提升发展生产性服务业（辅助产业，支撑要有力）。

（一）推进传统产业优化升级

加快培育经济增长新动能，转变经济发展方式，推动产业结构优化升级（王家庭，王浩然，2023）。资源型地区应加大对技术创新和科技研发的投入，通过引进先进的生产技术和设备，提高传统产业的生产效率和产品质量，从而增强企业的竞争力；同时，注重技术人才的培养和引进，以提高企业的创新能力和技术水平。加快传统产业的产业链延伸，使其链条更长、层次更高、效益更好、可持续性更久（李江涛，2010）。将资源型地区的传统产业与其他先进产业进行深度融合，实现产业链的延伸和协同发展。通过优化产业结构，加速传统产业的绿色升级改造，推动绿色新兴产业的发展，提高产业的整体效率和生态效率（李宏伟，2023）。例如，资源型地区可以与先进制造业合作，共同进行产品研发和生产，打造高附加值产品，从而提升整个产业的竞争力。对于资源型地区来说，与先进制造业合作不仅可以拓展市场，还可以借助先进技术和管理经验提升自身的生产能力和效率。同时，资源型地区可以通过与先进制造业合作，共享研发成果和技术创新，实现科技与资源的有机融合，助推产业升级和转型发展。通过这种合作，资源型地区在面对资源枯竭和环境压力的挑战时，能够寻求新的发展路径，实现可持续发展。

（二）做强先进制造业

资源型地区过去长期依赖资源的开采和加工，缺乏多元化的经济发展方式。随着资源逐渐枯竭和环境保护意识的增强，这些地区迫切需要转型和升级。在这个过程中，发展先进制造业成为推动资源型地区经济发展的重要战略。通过加强先进制造业的发展，资源型地区能够实现从"资源依赖型"到"技术创新型"的转变。先进制造业注重技术创新和高附加值产品的生产，可以提升资源型地区的技术实力和产业竞争力，进而减轻对资源的过度依赖。先进制造业也能够为资源型地区带来更多的就业机会，提高居民的收入水平，促进经济社会的可持续发展。这样的发展策略能够加快资源型地区的转型升级，减少对传统资源的依赖，提高生产效率和竞争力。先进制造业的引进还能够提高地区的科技创新能力，推动技术进步和产业升级，进一步增强地区发展后劲。

（三）开拓发展人工智能和大数据产业

以市场需求为牵引，积极培育人工智能创新产品和服务，促进人工智能技术的产业化，推动智能产品在工业、医疗、交通、农业、金融、物流、教育、文化、旅游等领域的集成应用。推动智能硬件普及，深化人工智能技术在智能家居、健康管理、移动智能终端和车载产品等领域的应用，丰富终端产品的智能化功能，推动信息消费升级。深入实施智能制造，鼓励新一代人工智能技术在工业领域各环节的探索应用，支持重点领域算法突破与应用创新，系统提高制造装备、制造过程、行业应用的智能化水平。加强工业大数据基础设施建设规划与布局，推动大数据在产品全生命周期和全产业链的应用，推进工业大数据与自动控制和感知硬件、工业核心软件、工业互联网、工业云和智能服务平台融合发展，形成数据驱动的工业发展新模式。加强大数据在重点行业领域的深入应用，促进跨行业大数据融合创新，在政府治理和民生服务中提升大数据运用能力，推动大数据与各行业领域的融合发展。培育一批大数据龙头企业和创新型中小企业，形成多层次、梯队化的创新主体和合理的产业布局，繁荣大数据生态（安树伟，等，2019）。这不仅可以推动大数据产业的快速发展，还可

以为经济增长注入新的动力。大数据龙头企业和创新型中小企业的兴起也将为就业提供更多机会，促进社会稳定和民生改善。通过建设多层次的创新主体和合理的产业布局，可以推动大数据技术的广泛应用，为各行各业带来变革和创新，提升社会生产力和经济效益。

（四）推进节能环保产业发展

把发展低碳经济、绿色经济、循环经济作为转方式调结构的突破口，严格控制高耗能、高污染产业发展，加快淘汰落后工艺设备，依托重点节能环保产业基地建设，开发节能节水、环保、循环经济等方面的关键技术和装备。此外，还可以促进节能环保产业与其他相关产业的融合，形成产业链和价值链。例如，可将节能环保技术应用到建筑行业，推动绿色建筑的发展，减少能源消耗和环境污染。同时，还可以将节能环保产业与新能源产业结合起来，促进可再生能源的利用，减少对传统能源的依赖，实现能源结构的转型升级。推进节能环保产业的发展还可以为经济增长注入新的动力。随着全球对环境保护的关注不断增加，节能环保产业的需求也会逐渐增加。因此，发展节能环保产业不仅能够提供就业机会、创造经济价值，还可以带动其他相关产业的发展，实现经济结构的优化升级。

（五）提升服务业的规模和档次

资源型地区的服务业在GDP中的比重总体上呈现波动，发展服务业是资源型地区转方式调结构的关键环节，也是提高人们生活质量、扩大社会就业的主渠道。大力培植重点产业，突出发展金融保险、现代物流、中介服务、信息服务和科技服务行业，使生产性服务业成为推动资源型地区经济社会发展的引擎。大力发展文化旅游业，规范发展生活性服务业，全面提升面向民生的传统服务业质量。加大对服务业的投入，引导并吸收更多资金进入服务业，鼓励有实力的工业企业进入服务业领域，推动大型服务业企业进入资本市场融资。加快建设服务业集聚区和重点功能区，搞好服务业领域的对外开放，优化利用外资环境，扩大服务业领域的招商引资。

四、推动资源型地区建设现代化产业体系的五大行动

依托资源型地区的基本特点，根据资源型地区建设现代化产业体系的重点任务，以五大行动作为推动资源型地区建设现代化产业体系的重要抓手。

（一）创新提能行动

党的十八届五中全会在对"科学技术是第一生产力"这一重要思想创造性发展的基础上，提出了"创新是引领发展的第一动力"的重要观点，党的十九届六中全会通过的《中共中央关于党的百年奋斗重大成就和历史经验的决议》更加强调了创新在推动高质量发展中的关键作用（孙秋枫，杜莉，2023）。创新对于资源型地区不仅是技术创新，也包括观念、思想和管理创新。坚持创新在建设现代化产业体系中的核心地位，强化创新对产业发展的战略支撑，促进创新链、产业链深度融合，强化创新载体和平台建设，集聚创新资源，健全创新体系，优化产业创新生态，推动自主创新、协同创新和应用创新相结合，全面提高科技创新水平和成果转化能力，以科技创新催生新发展动能，实现依靠创新驱动的内涵型增长。

一是培育创新型企业。资源型地区多为三、四线城市，少有大学和科研院所布局，由此应大力培育科技型中小企业、高新技术企业和创新引领型企业，形成创新型企业梯队，促进各类创新要素向企业集聚。引导企业加大研发投入，加强产学研用深度融合，提高企业技术创新能力，培育壮大创新引领型企业，树立优秀示范标杆，力争形成一批有一定影响力的领军企业。持续实施高新技术企业倍增计划、科技型中小企业"春笋"计

划，发展壮大科技型中小企业队伍规模。

二是搭建创新平台。支持行业骨干企业建立省级创新平台，对获得国家、省认定的创新平台给予奖励。充分发挥企业特别是重点骨干企业、领军企业、头部企业主体作用，对接省内外高校、科研院所、创新团队，携手共建产业研究院和中试基地等高水平创新平台，实现规上企业创新活动全覆盖，搭建科技与产业、高校科研院所与企业合作的桥梁，打通科技成果转化的"最后一公里"，实现优势产业技术创新和科技成果转化。比如，安徽铜陵积极与国家级和省级工程技术研究中心、企业技术中心联合建设以材料为主体的技术创新创业平台，推动新产业、新业态发展与布局。

三是完善创新链条。加强市场应用研究，围绕未来产业谋篇布局、新兴产业重点培育、传统产业高位嫁接，整合链接资源，以原始创新支撑应用创新，以应用创新牵引原始创新，构建创新全链条关键环节，打通应用技术研究、技术研发攻关、科技成果转化的通道，提高创新链的整体效能，完善创新链条。

（二）产业提档行动

推动产业升级和结构调整，促进产业由集聚发展向集群发展全面跃升，打造一批优势产业集群和标志性产业链，推动全产业链优化升级，提高资源型地区的产业竞争力和附加值。

一是提高产业链现代化水平。深入实施产业链链长和产业联盟会长"双长制"，实施谋链建链、引链育链、延链聚链、补链固链、强链优链、融链拓链六大行动，加强产业链战略设计，按照一个产业链有一批"链主"企业、有一批重大项目、有一批合作高校院所（新型研发机构）、有一批领军人才、有一批创新平台、有一批"拳头"产品的标准，梳理制定产业链全景图、发展路线图、技术路线图"三图"及重点事项清单、重点企业清单、重点项目清单"三单"。强化产业上下游延伸、左右岸配套，打通全产业链条，联通供应链、信息链、采购链、创新链、服务链、人才链、资金链，引导产业从零散点状向系统链状转变，着力形成自主可控、安全高效、稳固多元的产业链供应链体系。

二是加强品牌建设。企业需要采取一系列措施来提高产品的知名度和竞争力。首先，企业可以通过制定战略性宣传计划来增强产品的曝光度。例如，在电视、广播和社交媒体等主流媒体上展示公司的广告，并与知名的品牌或人物进行合作，以提高产品的知名度。其次，通过组织促销活动也可以提高产品的竞争力。企业可以利用特定的时机，如双十一、圣诞节等，在销售产品时提供优惠折扣或赠品，吸引更多消费者的关注。此举不仅能够增加产品的销量，还可以让消费者对品牌产生好感，并形成口碑效应。再次，企业还可以通过打造独特的品牌形象来提高产品的竞争力。通过设计独特的商标、标志和包装，企业可以在激烈的市场竞争中脱颖而出，给消费者留下深刻的印象。最后，企业还可以通过提供优质的客户服务和售后支持，建立良好的企业形象，从而增强产品的竞争力。

（三）开放提速行动

立足国际国内"双循环"，放大"枢纽+开放"优势，打造国内循环的关键枢纽和国际循环的重要节点，开拓国内国外市场，扩大资源型地区的市场份额，实现更高水平的开放合作。

一是大力承接产业转移。抢抓沿海地区产业加速向中西部地区转移和重构的历史机遇，立足本地资源禀赋和产业基础，加快建构新的产业体系。创新市场化、专业化、精细化招商引资机制，围绕主导产业或主导产业的某个细分领域，以龙头企业为牵引，编制招商图谱和招商推进方案，明确重点区域、重点企业、重点人物，精准招商。聚焦重点区域开展驻地招商，立足京津、上海、苏鲁、闽浙、大湾区等重点区域，明确主攻方向、深度对接、精耕细作，组织"小、精、专"招商集中对接活动。推进

智慧招商，以大数据和人工智能为手段，建设招商大数据平台，精准筛选对接目标企业，提高招商水平。聚焦要素引导，创新招商模式，关注资金、技术和市场三者结合的难点堵点，探索开展基金引导招商、科研成果引导招商和市场引导招商等新模式。

二是打造开放载体平台。为推动各领域的合作与发展，将开放载体平台作为重要举措，积极承接国家和省级高峰论坛以及大型展会。通过提供优质的会议场地和专业的接待服务，为各界人士提供一个广泛交流与深度合作的平台，促进各界人士的互动与沟通，推动各行各业的创新与协同发展。同时，积极引入前沿科技和工具，为各行各业的发展提供更多的支持和助力，助推企业实现创新与协同的共同目标。

（四）绿色提效行动

认真落实碳达峰、碳中和要求，建设绿色产业体系，以传统产业绿色化改造为重点，以促进全产业链和产品全生命周期绿色发展为目的，构建高效、清洁、低碳、循环的绿色产业体系，加强环境治理和生态保护，保障资源型地区可持续发展。

一是推进传统产业绿色化改造。实施煤化工、水泥等行业绿色化改造。支持引导企业应用绿色低碳技术，提高能效水平。推动企业开展节水减污技术改造，创建一批节水标杆企业。推动生产过程清洁化转型，大力推行绿色设计，推动存量企业实施清洁生产技术改造，在重点行业推广先进适用的环保装备，推动形成稳定、高效的治理能力；鼓励企业使用清洁能源，引导产品供给绿色化转型，增加绿色低碳产品、绿色环保装备供给，实现产品全生命周期绿色管理。

二是推进工业资源综合利用。以提升资源产出率和循环利用率为目标，推动工业固废规模化综合利用和水资源节约利用，组织企业实施清洁生产改造，促进废物综合利用、能量梯级利用、水资源循环利用，推进工业余压余热、废气废液废渣资源化利用。加强废纸、废塑料、废旧轮胎、废金属、废玻璃等再生资源回收利用，提升资源产出率和回收利用率。实施重点行业节能降碳工程，推动有色金属、建材、化工等行业开展节能降碳改造，提升能源资源利用效率。

三是强化工业污染治理。推进产业结构绿色转型，坚决遏制"高耗能、高排放"项目盲目发展。严格落实产能置换相关政策，推进淘汰落后产能，加快重点行业能源消耗低碳化转型，提升清洁能源消费比重，提高能源利用效率，构建清洁、高效、低碳的工业用能结构。推进工业领域数字化、智能化、绿色化融合发展，加强重点行业和领域的技术改造。

（五）数字提智行动

以数字化知识和信息为关键生产要素，以大数据、云计算、物联网等数字技术为重要支撑力量，以现代信息网络为重要载体的数字经济蓬勃发展，在数字技术与实体经济的深度融合下形成数字产业化和产业数字化两大支柱，不断提高经济社会的数字化、网络化、智能化整体水平，加速重塑经济发展和治理模式，引领社会生产方式的全局性变迁（曾祥明，2023）。实施数字化转型战略，主动融入新一轮科技革命和产业变革大局，以新一代信息技术与制造业融合为主线，以制造业数字化转型为重点，以新一代信息技术的新模式新业态为方向，持续提高制造业数字化、网络化、智能化水平，赋能工业经济高质量发展。

一是加快数字化转型。培育智能制造标杆企业，发挥标杆企业的引领作用，带动同行业、相关行业及产业链上下游企业数字化转型。推动新一代信息技术在研发、生产、管理、服务等领域的深化应用，加快工业企业"生产换线""设备换芯""机器换人"，实现企业信息化从单项应用向综合集成跨越，培育建设具有行业先进水平的智能车间、智能工厂。引导制造业企业与工业互联网平台、工业电子商务平台以及消费互联网平台合

作，利用平台上的行业领域知识库、工具库、模型库以及微服务组件，加快数字化转型。

二是深耕工业互联网。鼓励制造业企业建设基于5G切片、边缘计算的网络架构，运用软件定义网络、时间敏感网络等技术实施内网改造，培育企业内网改造标杆和5G全连接工厂。推动工业互联网平台建设，深耕汽车线束行业工业互联网平台，打造化工行业工业互联网平台。推进工业互联网标识解析体系二级节点建设，实施企业上云上平台提升行动，帮助企业从云上获取数据资源和应用服务。加深工业互联网、大数据、人工智能等新一代信息技术与制造业的融合程度，增强产业基础和支撑能力，拓展数字赋能覆盖面。

五、资源型地区构建现代化产业体系的对策

资源型地区必须深入推动产业的绿色化、高端化、智能化，构建符合高质量发展要求的绿色、特色、优势现代产业体系，营造有利于激励创新的制度环境，走创新驱动的产业发展道路，为构建绿色、特色、优势现代产业体系提供强有力支撑。

（一）强化组织领导

建立发展现代产业联席会议制度，注重解决产业发展中的新情况、新问题。积极推行以市场为导向的产业政策，引导企业加大技术创新和品牌建设力度。加强组织协调，建立跨部门协商机制，促进政府、企业和社会各方面的合作。制定相关政策和法规，加强对现代产业的监管和支持，确保其健康发展。组织制定发展规划和方针政策，加强相关部门的统筹协调，推动形成发展合力。尽快建立健全现代化产业体系的统计指标、监测

和评价体系，建立健全产业安全预警应急机制和政策实施反馈机制，优化产业发展的外部环境。加快编制建设现代化产业体系规划，制定实施区域各有侧重和差别化发展的产业政策，形成特色鲜明、功能互补、人口与环境承载力相适应的产业布局。规划建设一批重大产业基地，形成优势产业链。创新招商引资方式，提高产业招商水平，积极吸引跨国公司和世界500强企业投资现代化产业体系的高端产业和新兴产业。

（二）强化要素保障

强化工业用地保障，扎实开展土地高效利用评价，加快推进"标准地"出让，提高土地利用效率。加大对重大工业项目的土地支持力度，确保产业项目落地顺利。加强土地规划管理，合理划定工业用地范围，推动产业发展与城市空间布局优化相结合。加强土地管理和监管，严厉打击违法违规行为，保护工业用地的稳定和安全。加强对配套基础设施的建设，提高工业用地的功能和服务水平，为企业提供良好的生产和发展条件。加强煤、电、油、气、运等调节，促进电力充足供应。加大对工业企业融资支持力度，促进中小微企业融资增量、扩面、降价，按照"银行贷、财政贴、上市募、民间融、对外引"的思路，充分发挥国家、省级各类资金、基金的引导作用，整合现有财政扶持政策，优化专项资金使用重点和方式，加强对制造业转型升级项目的支持，强化对技术创新、模式创新的扶持，加大对系统解决方案供应商的支持力度。探索建立政府引导、市场化运作的产业发展基金。支持企业上市融资，建立政企银合作机制，加强信用体系建设，提高企业融资能力。

（三）强化项目带动

坚持"项目为王"，突出以项目带动发展的理念。加强项目前期策划和市场调研工作，精选一批具有潜力和市场竞争力的项目予以扶持和引

进。加大对项目的政策支持和落地保障，为项目创造最优的发展环境。在项目开展过程中，注重创新、协同和共享的理念，促进项目之间的互补和协作，形成项目联动效应，最大限度地发挥项目的带动作用。通过加强项目带动，企业可以更好地发挥自身资源和技术优势，提升自身的融资能力。要加强项目的规划和管理，提高项目的运营效率和风险控制能力，为资本提供更稳定和可靠的投资环境。通过强化项目带动，企业可以实现自身的快速发展，并为整个经济的高质量发展做出更大的贡献。坚持高水平推进项目，积极落实各项措施。注重项目质量，严格把关项目建设过程中的各个环节，确保项目的可持续发展和长期效益。与此同时，加大项目宣传和推广力度，使更多的人了解项目并参与其中，共同推动项目的成功实施。深入推进投资项目审批制度改革，整合精简工程建设项目报建手续，实行"一枚印章管审批"，全面推行备案类企业投资项目承诺制改革，坚持服务跟着项目走。

（四）强化人才支撑

加强培养和引进优秀人才是资源型地区实现现代化的关键。加大对高层次人才的培养力度，建立更加完善的人才培养体系，注重培养具备创新意识和实践能力的人才。积极引进国内外顶尖人才，为企业和科研机构带来新的思路和技术。通过建立人才资源共享平台，推动各领域人才的交流与合作，进一步提升科技创新实力。以强化人才支撑为基础，将科技成果转化为实际生产力，推动经济社会的可持续发展。进一步健全企业经营管理人才工作机制，提出本地区实施的具体方案和措施，创造性地实施规划。鼓励企业经营者以经营管理企业为终身职业，积极推荐企业经营管理者到高校、培训机构学习研修，不断提高自身综合素质；通过多种形式的培养和锻炼，加快培育和造就一批掌握现代经营管理知识，适应高质量发展需要，具有创新攻坚能力、现代管理水平、熟悉产业发展的复合型企业家。提高企业家政治待遇、政治地位，营造企业家健康成长环境，弘扬优秀企业家精神。充分发挥新闻媒体作用，注重发现和推广先进典型，广泛宣传企业引进、培养和使用优秀经营管理人才的成功经验，积极营造尊重劳动、尊重知识、尊重人才、尊重创新的社会舆论氛围，形成人才辈出、人尽其才、才尽其用的良好局面。

（五）完善企业服务

为企业提供全方位、多层次的支持和帮助，完善企业服务长效机制，聚焦产业、企业、企业家，推动建立起政府、企业、金融机构、专业人才等多方合作的协同机制，营造有利于市场主体发展的制度环境、政策环境和公共服务环境。大力提升问题解决率和企业满意度，切实帮助企业纾困解难，打通堵点、消除痛点、解决难点，创新工作方法，把解决当前问题与谋划长远发展相结合、帮扶困难企业与培育优质企业相结合、深化企业服务与优化产业生态相结合，创新"万人助万企"工作模式，构建企业全生命周期服务机制。注重在企业各个阶段提供差异化的服务和支持，为创业初期的企业提供政策指导和培训支持，为成长期的企业提供资金支持和市场拓展等服务，为发展成熟的企业提供技术创新和国际合作等支持，帮助企业实现持续稳定发展。通过深化企业服务和优化产业生态，真正解决企业面临的问题和困难，为企业的长远发展奠定稳固基础。

参考文献

［1］李江涛."十二五"期间资源型地区产业转型的路径分析［J］.经济研究参考，2010（71）：34-36.

［2］曾祥明.数字经济推进共同富裕的理论机理、现实困境与路径优化［J］.湖北大学学报（哲学社会科学版），2023，50（05）：11-20.

［3］李宏伟.建设人与自然和谐共生的中国式现代化研究［J］.理论视

野，2023（01）：12-18.

［4］孙秋枫，杜莉.以高质量发展带动新时代共同富裕的机理及实践路径研究［J］.福建师范大学学报（哲学社会科学版），2023（04）：93-105.

［5］王家庭，王浩然.中国式区域现代化水平的多维测度：理论逻辑、时空演变与提升路径［J］.西安交通大学学报（社会科学版），2023（11）：1-18.

［6］李玲娥，李慧涛，胡壮程，石磊，许琴琴.资源型地区区域协调发展与共同富裕的实现［J］.经济理论与政策研究，2022（00）：68-92.

第六章

资源型地区
构建现代化
公共服务体系

党的十八大以来，以习近平同志为核心的党中央把促进人的全面发展、增进人民福祉作为现代化建设的出发点和落脚点，不断提高全体人民的物质生活水平和精神生活水平（孙明增，2023）。物质文明与精神文明相协调，需要在现代化进程中提高人的素质、技能和健康水平。为此，必须聚焦具体的民生问题，不断提高人民生活水平，提高基本公共服务的供给水平和均等化程度，让现代化成果更多更公平惠及全体人民（王家庭，王浩然，2023）。习近平总书记强调："要贯彻以人民为中心的发展思想，完善分配制度，健全社会保障体系，强化基本公共服务，兜牢民生底线，解决好人民群众急难愁盼问题，让现代化建设成果更多更公平惠及全体人民，在推进全体人民共同富裕上不断取得更为明显的实质性进展。"现代化公共服务是资源型地区实现稳定、持续、健康发展的重要保障。通过提供现代化公共服务，资源型地区才能有效地调动和利用各种资源，推动经济的创新和转型。公共服务的发展水平直接关系到人民群众的生活质量和社会的可持续发展。要实现公共服务的普惠性、公平性、可持续性，增加公共服务供给，使公民可以平等享受公共服务，促进共同富裕（孙秋枫，杜莉，2023）。因此，资源型地区应该加大对现代化公共服务的投入和改革力度，提高服务的质量和效率，以满足人民对优质生活的需求。

一、建设现代化公共服务体系是资源型地区实现现代化的应有之义

构建现代化公共服务体系是推进资源型地区实现中国式现代化的重要途径之一，是实现共同富裕、满足人民群众对美好生活向往的关键所

在。只有不断提高公共服务的水平和均衡程度，才能更好地满足人民群众的需求。

（一）构建现代化公共服务体系是实现物质文明与精神文明相协调的必然要求

构建现代化公共服务体系是实现物质文明与精神文明的需要。公共服务是政府为满足人民群众基本需求而提供的一系列服务，涵盖教育、医疗、交通、环境保护、社会福利等诸多领域，直接关系到人民群众的生活质量和幸福感。现代化公共服务体系的构建，既要实现全面覆盖，满足人民群众多层次的需求，又要保证服务均等，消除区域发展的差距。公共服务的发展与民生建设息息相关，通过不断提高公共服务的质量和效率，可以更好地满足人民对美好生活的向往，提供更优质的教育资源、更健全的医疗保障、更方便快捷的交通出行、更清洁宜居的环境等。构建现代化公共服务体系还有助于推进社会公平正义，促进共同富裕的实现。在现代化进程中，公共服务的均衡发展尤为重要，不能让一些地区、一些群体因为资源短缺或发展不均衡而受到不公平待遇。通过构建现代化公共服务体系，可以打破地域、贫富差异，实现资源配置的优化，让每个人都能享受到平等的公共服务，推动共同富裕的进程。

（二）构建现代化公共服务体系是资源型地区应对风险挑战的现实需要

随着全球化的加速和经济发展的推进，资源型地区面临着许多风险和挑战。在这种背景下，建立现代化的公共服务体系已成为应对这些风险挑战的现实需要。第一，资源型地区通常存在着资源依赖型经济结构。这意味着当资源价格波动、市场需求下降或资源枯竭时，资源型地区面临着经济衰退的风险。为了减少这些风险，建立现代化的公共服务体系可以提供多元化的经济支柱，减少对单一资源的依赖，从而增强地区的经济韧性。第二，资源型地区的社会稳定和公共安全也面临潜在的风险挑战。由于资源开发和加工常常伴随着大规模的人口迁移和社会变革，社会矛盾和问题可能会增加。通过建立现代化的公共服务体系，可以提供全面的社会保障和法律服务，增加社会的稳定性，降低社会冲突的风险。

二、资源型地区公共服务发展面临的形势

随着中国全面建设社会主义现代化国家的进程推进，公共服务现代化经历了新的历史阶段。资源型地区作为我国的重要组成部分，其公共服务发展面临着新的形势和挑战。全面建设社会主义现代化国家为公共服务现代化赋予了新使命，人民群众对美好生活的向往也为公共服务现代化提出了新要求。同时，国际国内环境的深刻变化带来经济发展不稳定性和不确定性明显增加，也给公共服务发展带来了挑战。

（一）全面建设社会主义现代化国家为公共服务现代化赋予了新使命

我国正积极推进全面建设社会主义现代化国家的进程，在这一背景下，资源型地区面临的挑战和机遇愈加凸显。全面建设社会主义现代化国家要求资源型地区在公共服务方面跟紧国家发展步伐，提供更加优质、多样化的公共服务。然而，由于资源型地区经济依赖程度较高，公共服务的供给相对不足，服务质量与水平亟待提高。因此，在全面建设社会主义现代化国家的目标指引下，资源型地区的公共服务发展需要更加注重提高服务质量和水平，加大公共服务现代化力度，满足人民群众对美好生活的向往，以适应全面建设社会主义现代化国家的需要。

（二）人民群众对美好生活的向往为公共服务现代化提出了新要求

公共服务是满足人民精神文化需求、保障人民文化权益的基本途径，作为公共服务的受益者，人民群众对公共服务的需求逐渐增加，并提出了更高的要求。过去，资源型地区的公共服务多集中在基本生活保障上，随着经济发展和社会进步，人民群众对于教育、医疗、文化、环境等领域的公共服务需求不断上升。因此，资源型地区需要进一步优化公共服务资源配置，加大对教育、医疗、文化、环境等领域的投入，推进城乡公共服务体系一体化建设，创新实施文化惠民工程，广泛开展群众性文化活动，提升公共服务的可及性和可持续性，满足人民群众对美好生活的向往。

（三）国际国内环境的深刻变化带来经济发展不稳定性不确定性明显增加

当前，国际国内环境的深刻变化对资源型地区的公共服务提出了新的挑战与压力。全球化进程加速推进，国际经济格局发生重大调整，加上新冠疫情等重大公共卫生事件，给资源型地区经济发展带来了一定的不利影响，也对资源型地区的公共服务现代化提出了更高的要求。在这种背景下，资源型地区应加大对公共服务现代化的投入，提高公共服务的创新能力和应变能力，以应对经济发展不稳定性和不确定性的挑战。

三、资源型地区构建现代化公共服务体系的总体思路

资源型地区构建现代化公共服务体系的总体思路应以提高人民群众的获得感和幸福感为核心目标，应加强政府职能转变，推动市场机制完善，促进公共服务的高效、均衡和可持续发展。

（一）推动公共服务均等化

推动公共服务的均等化，确保资源型地区居民能够平等享受基本公共服务。资源型地区存在着城乡发展差异、社会经济差距较大等问题。加强资源配置，优先满足资源型地区的基础设施建设和公共服务发展需求，提高公共服务设施的覆盖率和质量，提高其居民的生活质量和福利水平。同时，加强公共服务的精细化管理，提高服务能力和水平，确保公共服务的均等化落地生根。为了实现公平公正，还需加强监督和评估，及时发现和解决公共服务不均等的问题，构建共建共治共享的社会治理格局。

（二）注重提升公共服务质量

注重提升公共服务的质量，使之更加符合资源型地区发展的实际需求。由于资源型地区的特殊性，公共服务体系的建设不能简单地照搬其他地区的模式，而是要结合资源型地区的特点和需求，量身定制公共服务，注重发展与资源种类相适应的产业，提供优质教育、医疗、文化等服务，提高资源型地区的整体发展水平。此外，还需加强与资源型地区相关产业和企业的合作，共同探索解决公共服务需求的新模式和新途径，使公共服务更加贴近资源型地区的发展实际，为居民创造更好的生活条件和发展机遇。

（三）提高公共服务的便捷程度

以信息化技术为支撑，推进公共服务的数字化和智能化，提高公共服务的效率和便捷程度。在公共服务平台上提供线上办理各类证照和手续的功能，使市民不再需要跑多个部门、排长队，只需通过网络就能完成办理；还可以通过智能化技术，如人脸识别、语音识别等，提供个性化、智能化的服务。比如，市民只需采集一次相关信息，便可享受到公共服务的

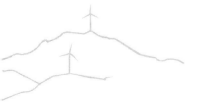

高效便捷。此外，还可以增加公共服务机构的数量，让市民更加方便地接受服务。这些举措将极大地提高公共服务的便捷程度，同时也减少了市民的时间和精力成本。

四、资源型地区构建现代化公共服务体系的重点

在资源型地区，构建现代化公共服务体系的重点在于解决资源禀赋不均衡所带来的发展差距。以均等化、便利化为导向，以精准化、多元化为特色，高质量推进基本公共服务均等化，加快普惠性非基本公共服务供给，全面提升生活服务品质，系统提升公共服务效能，构筑与经济发展水平相适应的高质量民生保障体系，为人民群众提供更好、更优质的公共服务，切实增进人民群众的幸福感，推动资源型地区实现经济发展和社会进步的双赢局面。

（一）高质量推进基本公共服务均等化

高质量推进基本公共服务均等化是资源型地区构建现代化公共服务体系的核心任务之一。基本公共服务是人民群众的基本权益，也是社会稳定和公平正义的基石。然而，在资源型地区，由于经济发展不平衡、城乡差距加大等原因，基本公共服务的均等化问题依然突出。为了加快推进资源型地区基本公共服务的均等化，应该加大资源型地区基本公共服务的投入力度，确保全体人民群众都能公平可及地享受到均等的基本公共服务。

1.提升教育发展质量

人力资本的核心要素是知识技能和健康，因此对人的投资主要包括教育投资和健康投资，这对于地区而言是回报率最高的投资。发展教育不

仅要着力提高教育年限，也要关注教育质量，以教育高质量发展助力中国式现代化全面实现（穆光宗，侯梦舜，郭超，等，2023）。资源型地区往往存在人才匮乏的问题，应集中精力提高本地的教育水平。一方面，要确保教育资源在各地区的分配上更加公平。充分发挥教育基础性、先导性、全局性作用，保障所有适龄儿童、青少年享有充足、公平、优质的教育资源，特别是涉及义务教育阶段的教育经费、基础设施、教学设备等资源的分配要更加注重公平，以确保各地区的学生都能够享受到优质均衡的基础教育（何彦霏，2023）。实施义务教育均衡发展和城乡一体化推动计划，加强城区学位供给，保障随迁子女平等接受义务教育，增加普惠性学前教育资源供给，提高资源型地区义务教育经费保障水平。引入和培育优质教育资源和智慧教育资源，保障当地居民和外来居民享有多层次、多形式、多渠道的终身受教育权利。另一方面，要注重深度促进教育服务产业发展。鼓励职业院校对接区域产业发展需要，与龙头企业、产业园区共建职业技能培训中心，支持建设一批高水平职业院校和专业。此外，培养本地区高等教育阶段的人才。在高等教育阶段有针对性地培养适合本地发展需要的人才，通过相关政策措施积极引导和鼓励优秀毕业生留在当地工作和发展。

2.稳定和促进就业创业

坚持就业优先政策，不断完善就业服务体系，强化不断线就业服务，提供更加多样化的就业服务，多渠道搭建职业指导、职业培训、创业实践等平台，实施职业技能提升行动，进一步加强下岗矿工、停产企业员工、农民工的职业技能培训，多措并举解决居民就业问题。加强资源型地区公共实训基地建设，开展多种形式的就业技能培训、岗位技能提升培训，推进产教融合，提升就业质量，为产业发展培养技术工人、管理人员和创业人才。同时，还应该加大对创业者的政策支持力度，激发创业活力，为社会创造更多的就业机会。

3.完善医疗卫生服务体系

健康直接关系到人的生命体验，一个不健康的人难以完全发挥出原有的力量，一个没有全民健康的国家是缺乏生命力的，难以凝聚起现代化建设的强大合力，必须始终坚持"把保障人民健康放在优先发展的战略位置"。党的二十大报告强调，要推进健康中国建设，深化医药卫生体制改革。随着人口要素和人们生活方式的变化，生殖健康、老年失能、慢性疾病年轻化、抑郁焦虑等问题越来越严重，需要更多关注这些新问题以及老问题的新变化，打造全方位全生命周期健康理念，保障人的生命周期各个阶段身心健康发展（穆光宗，侯梦舜，郭超，等，2023）。以全面提升医疗服务供给质量和服务可及性为出发点和落脚点，以丰富医疗卫生资源、广泛汇聚医疗卫生人才为重点，以制度创新、机制创新和管理创新为动力，以科技进步和信息化建设为支撑，加强医疗卫生体系建设，提高医疗卫生机构服务能力，提高医疗卫生服务的覆盖范围，让每个人都能享受到优质的医疗卫生服务。建设区域医疗中心，推动与国内知名医院合作共建医联体，推动远程医疗向乡村覆盖。完善传染病预防控制体系，提升突发公共卫生事件应对能力。完善稳健可持续的基本医疗保险筹资运行机制，合理安排医疗救助资金，对符合条件的困难群众参加城乡居民基本医疗保险的个人缴费部分分类分档资助。推动社会保障体系城乡衔接，加大对农村和流动人口的保障力度，促进健康公平，防止因病返贫致贫，积极应对人口的生存发展风险、健康风险、老年残疾风险以及孤独终老风险。

4.提升基本养老服务质量

随着人口老龄化的日益严重，老年人养老需求的增加成为社会关注的焦点。为了满足老年人的养老需求，需要加大对养老服务的投入。资源型地区面临着人口流失和经济转型的双重压力，这导致了养老服务的不足。政府应该加大对养老服务的财力投入，确保养老服务的供给能够满足老年人的需求。同时，还需建立健全养老服务项目的筹资机制，吸引社会资本参与养老服务业，扩大养老服务的投入规模。建设多样化的养老服务机构是提高养老服务质量的关键。资源型地区的老年人群体多样化，他们对养老服务的需求也各不相同。因此，应该建设多样化的养老服务机构，提供各类养老服务，满足老年人的不同需求。

养老院、日间照料中心、老年公寓等多种形式的养老机构应当齐头并进，为老年人提供舒适的居住环境和全方位的养老服务。提高养老服务的质量也需要加强养老服务人员的培训和专业化建设。养老服务工作的特殊性要求服务人员具备一定的专业知识和技能，能够提供个性化、贴心化的服务。因此，应该加强对养老服务人员的培训，提高他们的业务水平和服务意识。

加强养老服务行业的管理和监督，营造良好的服务氛围，提高服务质量。为了进一步提升养老服务质量，资源型地区可以借鉴其他地区的成功经验，推广一些先进的养老服务模式。比如，可以引入社区养老服务中心，将养老服务延伸到社区层面，方便老年人在家门口就能享受到养老服务。同时，还可以推动"互联网+养老服务"的发展，通过信息技术手段提供更智能、更便捷的养老服务，让老年人能够更加便利地享受到养老福利。

5.提高基本住房保障质量

随着经济的发展和城市化进程的推进，资源型地区基本住房保障成为社会重要的议题。提高住房保障供给能力，构建低收入群体公租房保障体系，稳步推进棚户区改造，需要采取一系列措施，以确保住房供给的质量和效果。提高住房保障供给能力。坚持房子是用来住的、不是用来炒的定位，处理好基本保障和非基本保障的关系，以政府为主提供基本保障，加快建立以公租房、保障性租赁住房和共有产权住房为主体的住房保障体系，有效增加保障性住房供给。科学设置、稳步降低保障准入标准，加大对新就业人员和外来务工人员的保障力度，促进住房保障对象从以户籍家庭为主逐步转向覆盖城镇常住人口，确保对中等偏下收入的住房困难家庭

实现应保尽保。继续执行和完善保障性安居工程现有土地、财政、信贷、税费减免等支持政策。

构建低收入群体公租房保障体系。加强对低收入群体的公租房保障。公租房是保障低收入群体基本居住权益的重要手段，加强对公租房的管理和运营，做好城镇住房和收入困难家庭的公租房保障，实行保障和货币补贴并举，合理确定实物公租房保有量，对城镇户籍低保、低收入住房困难家庭依申请应保尽保。在公租房分配中，要坚持公平、公正、公开的原则，确保低收入群体享受到与自身经济状况相匹配的住房保障。注重住房质量和居住环境的改善。高质量住房应具备基本的居住功能和良好的居住环境。建筑设计应科学合理，符合居民的实际需求，注重绿色环保和节能减排。在施工和装修过程中，要严格按照相关标准进行监管，确保施工质量和人居环境的安全。此外，还应加强住房配套设施建设，提供便利的交通、教育、医疗等公共服务，提升居民的生活品质。

稳步推进棚户区改造。棚户区改造是改善城市居住环境、提升居民生活质量的关键项目，通过对棚户区的整治，可以有效提高住房保障的供给能力。加快推进资源枯竭地区和独立工矿区、老工业城市、国有林区和垦区以及重点棚户区改造。将棚户区改造与城市更新、产业转型升级更好结合起来，切实解决群众住房困难。国家棚户区改造有关政策和补助资金适当向资源型地区倾斜。在棚户区改造中，注重生态环保，推动住房保障与可持续发展相结合，打造宜居、宜业的社区环境。推动建设"智慧社区"。居住服务新业态包括物业管理、社区服务、养老服务等，可以通过引进专业化的居住服务机构，提供优质的居住服务，提高居民的居住幸福感。同时，可以借助信息技术，推动社区信息化建设，提高社区管理和服务水平。建设"智慧社区"可以通过建设智能化的住房设施和管理系统，提供便捷的生活服务，提升社区的整体品质，提高居住生活质量。

6.加强公共文化体育服务供给

推动重大公共文化设施集聚布局，有序缩小公共文化设施服务半径，构建体现时代发展趋势、符合文化发展规律、具有地方特色的现代化公共文化服务体系。传承发扬并充分利用资源型地区创业建设历程中的精神文化资源，鼓励利用现有设施改造建设博物馆和教育示范基地。通过建设图书馆、文化馆、博物馆等文化设施，为居民提供丰富的文化资源。通过举办文化活动、展览和演出，增强居民的文化素养和审美意识，提高居民的综合素质。

引导公共文化服务与产业融合发展，利用政府和市场的双重资源，鼓励社会资本参与，提高文化产品和服务的供给能力及效率，引导常住人口和外来旅游商务人口无差别参与其中。瞄准人民群众日益增长的体育健身需求，加快推动全民健身场地建设，公共体育设施配套和建设标准达到国内先进水平，鼓励各类公共体育场馆免费或低收费开放，并对常住人口和外来旅游商务人口无差别开放，提高人民群众身体素质。鼓励政府向社会力量购买公共体育服务，促进公共体育服务与体育产业融合发展，鼓励社会资本参与公共体育服务运营。

提高文体服务智慧化水平是加强公共文化体育服务供给的重要手段。随着信息技术的发展，资源型地区开始利用先进的技术手段提高文体服务水平。通过建设智能化的文体场馆管理系统，提供在线预约、门票销售、场馆租赁等服务，方便了居民的文化体育活动参与。同时，还在体育赛事的组织和运营方面引入了大数据分析、云计算等技术，以提高运营效率和服务品质。这些智慧化的举措使得文化体育服务更加便捷高效，为居民提供了更好的体验，满足了人民的精神文化需求。

（二）系统提升公共服务效能

系统提升公共服务效能是资源型地区构建现代化公共服务体系的重

要保障。公共服务的效能直接关系到人民群众对政府工作的认可度和满意度。在资源型地区，由于资源开发过程中可能存在的不完善的管理、低效的服务等问题，公共服务效能相对较低。因此，资源型地区系统提升公共服务效能，需要改变传统的公共服务供给方式，引入市场化竞争机制，鼓励社会参与；还要丰富公共服务供给内容，关注特殊群体的需求，提供个性化的服务。在提供公共服务的过程中，还要注重提高服务的便利共享水平，通过线上线下融合，为人们提供更加便捷的服务方式。只有在这样的努力下，资源型地区才能真正提升公共服务效能，满足人民群众的需求，推动地区经济的可持续发展。

1.创新公共服务供给方式

创新公共服务供给方式是提升公共服务效能的关键。传统的公共服务供给方式往往过于依赖政府的行政手段，导致公共服务供给缺乏市场化竞争和创新性。为了改变这种状况，资源型地区可以借鉴先进地区的经验，积极引入社会力量参与公共服务供给；可以通过引入社会资本，鼓励社会组织和民营企业参与公共服务供给，推动公共服务的市场化运作。政府应加强监管，确保市场化运作不损害公共利益，保障公共服务的公平性和可及性。此外，还应加大对公共服务的投入，提升其质量和覆盖面，以满足不同群体的需求。最重要的是，要加强公众参与公共服务的意识，共同推动公共服务的发展，为社会发展提供坚实的基础。

2.丰富公共服务供给内容

丰富公共服务供给内容也是提升公共服务效能的重要途径。资源型地区的人口结构可能相对单一，人们对公共服务的需求也会有所差异。因此，在提供基本公共服务的同时，还要关注特殊群体的需求，扩大公共服务的覆盖面。通过增加公共服务项目和服务内容，可以更好地满足人们的各种需求。例如，可以增加医疗健康服务，建设更多的公共医疗机构和社区健康服务站，提供全方位的医疗健康保障。在医疗方面，可以增加老年人健康管理和身心健康教育的内容，提高全民健康素养。还可以加强教育领域的公共服务，提供更多优质教育资源，改善教育设施条件，促进教育均衡发展。在教育方面，可以增加职业教育和技能培训的供给，以适应资源型地区就业结构的特点。此外，加强社会福利、文化娱乐、体育活动等领域的公共服务供给，也可以提高人们的生活质量和幸福感。通过丰富公共服务供给内容，可以更好地满足人们的多样化需求，提升公共服务的效能和满意度。

3.提高公共服务便利共享水平

提高公共服务的便利共享水平是增强公共服务效能的关键环节。资源型地区往往交通条件相对较差，人们获取公共服务的成本较高。因此，要加强公共服务的线上线下融合，提供更加便利的服务方式。同时，还需加强技术应用，为公共服务提供更多创新解决方案。这包括推动智慧城市建设和互联网+政务服务，以更高效和更智能的方式满足公众需求。只有通过线上线下融合和技术创新，才能让公共服务更加贴近人民群众的生活，提高社会管理的效益。例如，在教育方面，可以通过建设远程教育网络，推广网络教育资源，让学生无论身在何地都能享受到优质教育资源。在医疗方面，可以通过建设远程医疗平台，实现医疗资源的共享，让人们足不出户就能享受到专业的医疗服务。

（三）注重公共服务精准化和多元化发展

加强公共服务的精准化和多元化发展，以满足不同人群的需求。一方面，要通过建立分类管理模式，将公共服务细分为医疗、教育、社会福利等多个领域，并根据不同人群的特点和需求提供针对性的服务。另一方面，要推动公共服务的多元化发展，加强民间组织和社会力量的参与，引入市场机制，提高服务质量和效率。只有这样，才能真正实现公共服务的全覆盖，让每个人都能享受到优质的公共服务。

1.建立分类管理模式

为了实现公共服务的精准化发展，需要建立分类管理模式。将公共服务细分为医疗、教育、社会福利等多个领域，根据不同人群的特点和需求，提供针对性的服务。例如，对于老年人来说，可以提供更多的养老院和医疗机构；对于青少年来说，可以加强教育资源的投入，提供更多的学校和优质教育资源。通过分类管理，可以更好地满足不同人群的需求，提高公共服务的针对性和有效性。

2.推动公共服务多元化发展

在推动公共服务的多元化发展方面，需要加强民间组织和社会力量的参与。民间组织和社会力量具有灵活性和创新性，可以更好地满足人民的需求。可以鼓励社会力量参与公共服务的投入和运营，引入市场机制，提高服务质量和效率。例如，可以引入社会资本开办医疗、教育机构，以增加服务供给的多样性和竞争性。同时，还可以加强政府与民间组织的合作，共同举办公共服务活动，充分发挥各方的专长和优势，提高公共服务的水平和质量。

五、资源型地区构建现代化公共服务体系的对策

随着资源型地区经济发展的不断推进，人民群众对高质量公共服务的需求日益增长。然而，由于资源型地区的特殊性，其面临着公共服务资源有限、基础设施建设滞后等问题，导致公共服务水平与人民群众需求之间存在一定的差距。因此，为了满足人民群众对公共服务的需要，资源型地区构建现代化公共服务体系的对策包括深化供给侧结构性改革、加强政府的监管和服务职能，以及发挥市场的作用。这些对策将会从多个方面推动公共服务水平的提高，满足人民群众对高质量公共服务的需求，推动资源

型地区的现代化进程。需要注意的是，资源型地区构建现代化公共服务体系是一个复杂而长期的过程，需要各方共同努力，持续改革创新，不断完善制度机制，以期实现公共服务水平与人民群众需求的有效对接。

（一）深化供给侧结构性改革，满足人民群众对高质量公共服务的需求

在资源型地区建设现代化公共服务体系的过程中，仍面临着一系列挑战。为了满足人民群众对高质量公共服务的需求，必须加大对教育、医疗、文化等公共服务资源的投入，优化资源配置，提高公共服务供给的能力；还应加大基础设施建设力度，提高基础设施的水平，为公共服务提供坚实的支撑。

教育是民族兴盛的基础，是培养创新人才的重要途径。在资源型地区，加强教育资源的投入尤为重要。首先，要增加教育设施建设，改善学校的办学条件。其次，要加大师资培养力度，提高教师队伍的素质和数量。最后，还要完善学科建设，提高教学质量和学生的综合素质。通过这些举措，可以使教育资源更加充足，提高学生的受教育机会和质量。

与教育相伴随的是医疗服务。在资源型地区，医疗资源的短缺、分布不均等问题较为突出。为了满足人民群众对医疗服务的需求，必须加大对医疗资源的投入。首先，要增加医疗机构的数量，提高医院的设施和设备水平。其次，要加大对医疗人才的培养力度，提高医生的专业水平和服务质量。最后，还要推动医疗信息化建设，提高医疗服务的效率和质量。通过这些措施，可以提高医疗资源的供给能力，满足人民群众对健康的追求。

文化服务也是人民群众生活的重要组成部分。在资源型地区，文化资源的薄弱和不平衡问题亟待解决。为了满足人民群众对文化服务的需求，必须加大对文化资源的投入。首先，要加大文化场馆的建设力度，提高文化设施的水平。其次，要加强文化人才的培养，提高文化工作的专业化水

平。最后，还要推动文化产业的发展，丰富人民群众的精神生活。通过这些举措，可以提供更多更好的文化服务，满足人民群众对文化的需求。

在建设现代化公共服务体系的过程中，还必须加大基础设施建设力度。基础设施是现代经济发展的重要支撑，也是公共服务提供的基础。在资源型地区，基础设施的建设水平相对较低，不仅制约着公共服务的提供，还影响着经济社会的发展。因此，要加大基础设施建设的投入，提高基础设施的建设水平。这包括加强铁路、水利、电力等基础设施的建设，优化城市规划和交通网络等。通过这些举措，可以为公共服务提供坚实的支撑，促进资源型地区的经济社会发展。

综上所述，深化供给侧结构性改革，满足人民群众对高质量公共服务的需求是当今时代的迫切课题。在资源型地区建设现代化公共服务体系的过程中，必须加大对教育、医疗、文化等公共服务资源的投入，优化资源配置，提高公共服务供给的能力。同时，还应加大基础设施建设力度，提高基础设施的建设水平，只有这样，才能满足人民群众对高质量公共服务的需求，促进资源型地区的经济社会发展。

（二）加强政府监管和服务职能，保障公共服务的公平性与可及性

要加强政府的监管和服务职能，推动相关政策的落地和实施，保障公共服务的公平性和可及性。作为公共服务的主要提供者和管理者，政府必须加强监管和服务职能，以确保公共服务的公平性和可及性。公共服务是政府为满足人民群众基本需求而提供的服务，涵盖教育、医疗、交通、环保等各个领域，对于人民群众的生活质量和社会稳定具有重要意义。公共服务的公平性和可及性，直接关系到人民群众的福祉和社会公正。因此，政府在公共服务领域的监管能力和服务职能必须得到加强。

第一，政府应加大监管力度，防止公共服务资源流失和浪费，确保公共服务资源的有效利用。公共服务资源的流失和浪费是一个普遍存在的问

题，例如，在教育领域，有些地区因为缺少严格的监管，导致教育资源过度集中在一些优质学校，使得不少孩子无法获得良好的教育资源。在医疗领域，一些不法机构滥开药方、虚假宣传，给患者带来健康风险。因此，政府应建立健全的监管体制，加强对公共服务资源的监管，严厉打击不法行为，保护人民群众的合法权益。

第二，政府还应加强服务职能，提高公共服务的质量和效率。公共服务的质量和效率直接关系到人民群众的获得感和幸福感。在教育领域，政府应加大对教师培训和教育教学资源的投入，提高教育的质量和水平。在医疗领域，政府应加大对卫生机构和医护人员的培训力度，提供更加优质和高效的医疗服务。此外，政府还应加强对交通、环保等领域的管理，提供更加便捷和环保的服务。通过提高公共服务的质量和效率，可以让更多的人民群众受益于公共服务，实现社会的公平和可持续发展。

第三，加强政府监管和服务职能需要社会各方的支持和参与。政府应与社会组织、企业和个人建立良好的合作关系，共同推动公共服务的改善。社会组织可以通过监督和评估，促使政府履行监管和服务职能。企业可以通过公益捐赠和社会责任投资，为公共服务提供更多的资源和支持。个人可以积极参与公共服务的改进，提出建设性的意见和建议，共同建设一个更加公平和可持续发展的社会。

在实施加强政府监管和服务职能的过程中，还需要解决一些困难和挑战。首先，政府需要加强自身的能力建设，提高监管和服务水平。其次，政府需要加强信息化建设，推动公共服务的数字化和网络化，提高服务的便捷性和效率。最后，政府还需要改变一些行政习惯和职能转变，从传统的管理型政府转向服务型政府，实现政务公开和行政审批的便利化。

总之，加强政府监管和服务职能是实现公共服务公平性和可及性的关键。政府应加大监管力度，确保公共服务资源的有效利用；加强服务职能，提高公共服务的质量和效率；鼓励社会各方的支持和参与，共同推动

公共服务的改进和提升。通过这些努力，我们可以建设一个更加公平、公正和可持续发展的社会。

（三）健全公共服务的市场化机制，培育多元化的提供主体

发挥市场的作用，建立健全公共服务的市场化机制，鼓励社会资本参与公共服务的供给，培育多元化的提供主体，提升公共服务的质量和效率。资源型地区构建现代化公共服务体系的过程中，市场机制的作用不可或缺。一方面，可以通过市场机制引导社会资本参与公共服务的供给，引入竞争，提高公共服务的质量和效率。另一方面，还可以培育多元化的提供主体，促进公共服务的创新和发展。因此，要构建健全的市场化机制，为资源型地区提供更好的公共服务。

首先，通过市场机制引导社会资本参与公共服务的供给，通过引入竞争，提高公共服务的质量和效率。市场机制的优势在于能够调动各方的积极性和创造力，提高资源配置的效率。在资源型地区，往往存在着资源过度集中的问题，造成了资源利用的浪费和公共服务的短缺。通过引入市场机制，可以吸引更多的社会资本进入公共服务领域，提供更多的服务供给，从而缓解资源供给不足的状况。

其次，市场化机制还能够培育多元化的提供主体，促进公共服务的创新和发展。在过去的公共服务供给模式中，往往是由政府独家提供，导致了服务质量不高、创新力不足的问题。通过引入市场竞争，可以吸引更多的民间企业和社会组织参与公共服务的供给，增加服务主体的多样性。不同主体之间的竞争和合作，将促进公共服务的创新和发展，提升服务的质量和效率，让公众享受到更好的服务。

最后，要加强对市场竞争的监测和评估，促进公共服务的创新和发展。通过对市场竞争情况的监测，可以及时发现和解决市场失灵的问题，提高市场的有效性和公平性。同时，要加强对公共服务的评估和考核，鼓励服务主体不断提升服务质量和效率，满足公众的需求。

　　在资源型地区构建现代化公共服务体系的过程中，市场化机制是不可或缺的重要手段。通过市场机制引导社会资本参与公共服务的供给，可以提高服务的质量和效率；通过培育多元化的提供主体，可以促进公共服务的创新和发展。只有构建健全的市场化机制，才能为资源型地区提供更好的公共服务，满足人民群众对美好生活的向往和需求。

（四）构建信息技术载体，推进公共服务智慧化

　　在当前的数字化时代，信息技术已经渗透到各个领域，对于公共服务的改善也具有举足轻重的作用。对于资源型地区而言，利用先进的信息技术手段建设智慧城市、智慧社区等载体，可以为人们提供更加智能化的公共服务，进而提高服务效率、便利性和人民群众对公共服务的满意度。为了提供更高效、便利和智慧化的公共服务，迫切需要构建先进的信息技术载体。

　　首先，利用信息技术手段构建智慧城市是提升公共服务质量的重要途径。资源型地区通常拥有丰富的自然资源，同时也面临着环境保护和生态建设等方面的压力。通过构建智慧城市，可以实现资源的智能利用和生态环境的智能监测，从而提高资源的可持续利用率和生态环境的保护水平。智慧城市还可以通过智能化的交通管理系统和智能化的建筑设施，提供更加便利、高效的城市公共服务，例如智能公交车队、智能道路交通疏导系统等，使人们的出行更加安全、便捷。

　　其次，建设智慧社区也是提升公共服务质量的重要手段。智慧社区以信息技术为支撑，构建起居民之间、居民与政府之间、居民与企事业单位之间的信息交流平台，实现信息的共享和公共服务的智能化。通过智能化的社区管理系统，可以实现社区安全监控、垃圾分类管理、设备维修等各项服务的智能化，提升社区居民的生活质量。

再次，利用信息技术手段推进公共服务智慧化可以提高服务效率和便利性。传统的公共服务往往存在着信息不对称、办事效率低下等问题，信息技术的应用可以有效地解决这些问题。通过建立智能化的管理和服务系统，政府可以及时地了解人民群众的需求和诉求，提供个性化的服务。信息技术的应用还可以实现政府各部门之间的信息共享，提高政府决策和公共服务的整体效益。

最后，推进公共服务智慧化可以提升人民群众对公共服务的满意度。公共服务是政府的基本职责，人民群众对公共服务的满意度直接关系到政府的公信力和稳定性。通过信息技术的应用，可以提高公共服务的质量和效率，提升人民群众对公共服务的满意度。例如，在智慧城市中，居民可以通过智能手机随时随地查询公共交通信息、办理各类证件等，提高了人民群众的生活便利度，进而增强了对公共服务的满意度。

总之，构建信息技术载体，推进公共服务智慧化是提升公共服务质量的重要手段。资源型地区可以充分利用先进的信息技术手段，建设智慧城市、智慧社区等载体，提供智能化的公共服务。通过智能化的管理和服务系统，可以提高公共服务的效率和便利性，进而提升人民群众对公共服务的满意度。只有不断推进公共服务的智慧化建设，才能更好地满足人民群众对优质公共服务的需求，为建设美好社会做出应有的贡献。

参考文献

［1］孙明增.物质文明和精神文明相协调的内在逻辑、价值蕴涵和实践指向［J］.道德与文明，2023（05）：13-21.

［2］安树伟，等.山西迈向高质量发展之路［M］.太原：山西经济出版社，2019.

［3］蔡昉.让改革发展成果更多更公平惠及全体人民［J］.雷锋，2017（12）：21.

［4］尹蔚民.全面建成多层次社会保障体系［N］.人民日报，2018-01-09（007）.

［5］穆光宗，侯梦舜，郭超，等.论人口规模巨大的中国式现代化：机遇、优势、风险与挑战［J］.中国农业大学学报（社会科学版），2023，40（01）：5-22.

［6］孙秋枫，杜莉.以高质量发展带动新时代共同富裕的机理及实践路径研究［J］.福建师范大学学报（哲学社会科学版），2023（04）：93-105.

［7］王家庭，王浩然.中国式区域现代化水平的多维测度：理论逻辑、时空演变与提升路径［J］.西安交通大学学报（社会科学版），2023（11）：1-18.

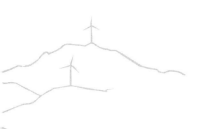

第七章

7

资源型地区
建设现代化
生 态 文 明

生态环境是人与自然和谐共生体系的重要内容，实现人与自然的和谐共生离不开生态环境的支撑（左其亭，张乐开，张羽，等，2023）。自党的十八大以来，生态文明建设被视为中华民族永续发展的重中之重，党中央进行了一系列具有开创性的工作，从理论到实践，生态文明建设发生了历史性、转折性以及全局性的变革，美丽中国建设取得了重大进展。2023年7月17日至18日，在北京召开的全国生态环境保护大会上，习近平总书记出席会议并发表了重要讲话，强调未来五年将是美丽中国建设的重要时期。我们要深入学习贯彻习近平生态文明思想，坚持以人民为中心，牢固树立和践行"绿水青山就是金山银山"的理念。党的二十大报告指出，新时代我国生态文明建设的战略任务就是要推动绿色发展，促进人与自然和谐共生，这也是广大人民群众的心声。

资源型地区作为全国重要的能源和原材料供应基地，经过改革开放后40多年的高强度资源开发和高污染工业生产，生态环境遭受了极大的破坏，留下了巨大的环境治理和生态恢复历史欠账，成为经济社会发展需要面对的问题。此外，在碳达峰、碳中和目标下，资源型地区面临的碳减排压力巨大（姚君，任中贵，2022）。因此，积极探索资源型地区生态文明之路，是资源型地区在新时代发展的必然选择，也是根本出路，要通过高品质的生态环境来支撑高质量的发展，加快推进人与自然和谐共生的现代化进程。本章首先阐明生态文明与中国式现代化的关系，深入分析了当前资源型地区生态文明建设面临的形势，深刻阐述了新征程中推进生态文明建设需要处理好的五个重大关系，进而提出资源型地区生态文明建设的重点，并给出相应的对策，为继续加强生态环境保护、推进生态文明建设提供了方向指引，提出了根本遵循。

一、生态文明是资源型地区现代化的重要支撑

人与自然和谐共生理论是我国生态文明建设、美丽中国建设以及中国式现代化建设的基本理论遵循（左其亭，张乐开，张羽，等，2023）。在中国式现代化进程中，生态文明建设被看作是实现可持续发展和人类社会进步的必要条件，同时生态文明建设也能够为人类社会带来更多的福祉。生态文明建设有助于促进经济、社会和环境的协调发展，实现经济发展和社会进步的良性循环。生态文明也是实现中华民族伟大复兴的重要支撑。良好的自然环境既是人们对于美好生活的需要，也是改善人类健康水平、提高可持续发展能力的需要（穆光宗，侯梦舜，郭超，等，2023）。在资源型地区，人与自然的关系尤为紧密，资源与环境问题在这些地区尤为突出。因此，资源型地区的人们更需要积极主动地实践人与自然和谐共生的理念。

（一）生态文明是现代化的内在要求

我国先后在2007年、2013年、2016年和2021年发布了《国务院关于促进资源型城市可持续发展的若干意见》（国发〔2007〕38号）、《国务院关于印发全国资源型城市可持续发展规划（2013—2020年）的通知》（国发〔2013〕45号）、《关于支持老工业城市和资源型城市产业转型升级的实施意见》（发改振兴规〔2016〕1966号）、《推进资源型地区高质量发展"十四五"实施方案》（发改振兴〔2021〕1559号）、《"十四五"支持老工业城市和资源型城市产业转型升级示范区高质量发展实施方案》（发改振兴〔2021〕1618号），充分凸显了新发展阶段国家对资源型地区发展的高度重视。党的二十大报告提出以中国式现代化全面推进中华民

族伟大复兴，并将此确定为新时代新征程中国共产党的中心任务（夏杰长，2022）。中国式现代化的本质要求和基本特征之一，便是促进人与自然和谐共生。要建设生态文明、推动绿色低碳循环发展，不仅可以满足人民日益增长的优美生态环境需要，而且可以推动实现更高质量、更有效率、更加公平、更可持续、更为安全的发展（曾嵘，王立胜，2023）。资源型地区在我国经济社会发展中具有重要的地位，是中国式现代化的重要支撑。在现代化起步阶段，资源型地区过度追求经济增长而忽视了生态环境保护，导致环境污染、生态系统退化等问题突出（周宏春，江晓军，2019）。面对长期粗放型增长方式所遗留的生态环境破坏问题以及人民日益增长的对优美生态环境的需要，生态文明现代化应成为资源型地区中国式区域现代化的重要维度（王家庭，王浩然，2023）。2021年，我国共有资源型地区125个，全国地级行政区333个，资源型地区占全国地级行政区总数的37.54%。资源型地区坚定不移走生态优先、绿色发展之路，是追求人与自然和谐共生的现代化。因此，在推进中国式现代化中，资源型地区加强生态文明建设是中国式现代化的内在要求。

（二）生态文明是最普惠的民生资源

习近平总书记多次指出，良好生态环境是最公平的公共产品，是最普惠的民生福祉（中共中央文献研究室，2017）。人民对美好生活的向往是中国共产党的奋斗目标，加强生态文明建设才能更好地满足人民对美好生活的向往，实现人与自然和谐共生的现代化是中国共产党生态文明建设的价值旨归（王青，李萌萌，2022）。大自然是人类赖以生存和发展的基本条件，生态是我们的宝贵资源和财富（于舟，万立明，2023）。构建人与自然生命共同体，就是要坚持人与自然和谐共生，不断满足人民对美好生态环境的需要与向往，增加人民的生态环境获得感、生态环境幸福感、生态环境安全感（中共中央宣传部，中华人民共和国生态环境部，2022）。

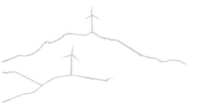

中国式现代化强调人与自然的和谐共生，是一种尊重自然、保护生态、追求可持续发展的现代化模式。只有在实现人与自然和谐共生的基础上，中国式现代化才能真正造福人民。生态文明作为最普惠的民生资源，为每个人提供清洁的空气、美丽的环境和可持续的发展机会。生态环境直接影响着人们的健康和生活质量。在资源型地区，环境污染和破坏已经成为普遍存在的问题，给人们的健康带来了巨大的威胁。通过生态文明建设，可以改善生态环境，提高空气、水、土壤等的质量，减少污染物的排放，降低人们的健康风险。生态文明建设还能提供良好的生态环境和丰富的生态资源，为人们的休闲娱乐和文化生活创造新的空间和可能性。因此，生态文明是资源型地区最普惠的民生资源，直接关系到人民群众的福祉。

二、资源型地区生态文明建设面临的形势

资源型地区生态环境问题严重，是实现全面富裕的突出短板，深刻影响了资源型地区人民对高品质生活的追求（李玲娥，等，2022）。长期以来，资源型地区过度开发与环境保护之间的矛盾十分突出，环境污染严重影响了人民群众的生活质量。同时，资源型地区经济结构单一，依赖资源开采和加工，缺乏可持续发展的动力和多元化发展的空间。因此，资源型地区必须转变发展方式，加强生态文明建设，实现经济、社会和生态协调发展。

（一）大气污染较为严重

资源型地区所产生的大气污染主要来源于煤炭和石油的开采和利用，在某些地区，大气污染已经成为非常紧迫的环境问题（张文忠，余建辉，等，2014）。目前，我国的能源消费依然以煤炭为主，煤炭资源型地区更

是如此。资源型地区大多处于工业化中期，化石原料的燃烧和工业污染排放仍是造成资源型地区大气环境污染的主要原因。采暖期大气污染问题尤其突出，传统煤烟型污染与臭氧、挥发性有机物（VOCs）等新型环境污染问题叠加（山西省人民政府，2016）。在2023年1—8月全国168个地级及以上市的空气质量排名中，资源型城市在全国后20位城市中占有9个[1]。

表7-1　2023年1—8月168个重点城市空气质量排名前20位和后20位城市名单

前20位		后20位	
排名	城市	排名	城市
1	海口市	倒1	绵阳市
2	拉萨市	倒2	长沙市
3	黄山市	倒3	咸阳市
3	舟山市	倒4	西安市
5	惠州市	倒5	临汾市
5	珠海市	倒6	渭南市
7	深圳市	倒7	太原市
8	福州市	倒8	阳泉市
9	丽水市	倒9	安阳市
10	厦门市	倒9	鹤壁市
10	中山市	倒11	淄博市
12	张家口市	倒12	焦作市
13	贵阳市	倒13	运城市
14	台州市	倒14	新乡市
15	南宁市	倒15	聊城市
15	昆明市	倒15	天津市
17	宁波市	倒15	唐山市
17	江门市	倒18	滨州市
19	宣城市	倒18	兰州市
20	肇庆市	倒20	石家庄市

资料来源：《生态环境部通报8月和1—8月全国环境空气质量状况》。

---

[1] 这9个城市分别是唐山（倒数第15）、运城（倒数第13）、焦作（倒数第12）、淄博（倒数第11）、鹤壁（倒数第9）、阳泉（倒数第8）、渭南（倒数第6）、临汾（倒数第5）、咸阳（倒数第3）。

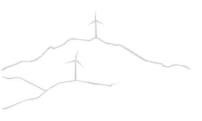

（二）水环境状况不容乐观

很多资源型地区依赖水资源生产和生活。然而，由于大量的工业废水、生活污水和农业污水被直接排放到水体中，导致水资源的污染日益严重。水中的重金属、有机物等有害物质对水体的生态系统造成了巨大的破坏，对水生生物和人类的健康产生了严重的影响。此外，水资源的过度开发和不合理利用也导致了地下水位下降和水源枯竭等问题，进一步恶化了水环境状况。在2023年1—6月全国168个地级及以上市国家地表水考核断面水环境质量排名中，资源型城市在全国后30位城市中占有12个。

表7-2　2023年1—6月国家地表水考核断面水环境质量状况
排名后30位的城市及所在水体

排名	城市	考核断面所在水体
倒1	五家渠市	青格达水库
倒2	商丘市	惠济河、王引河、黄河故道杨庄以上段、包河、沱河、浍河
倒3	周口市	惠济河、沙河、涡河、赵王河、大沙河（小洪河）、泉河、清水河（油河）、颍河、黑茨河、贾鲁河
倒4	开封市	惠济河、涡河、贾鲁河
倒5	通辽市	柳河*、牤牛河*、东辽河、养畜牧河、新开河、霍林河、乌尔吉沐沦河、秀水河、西辽河、新开河
倒6	白城市	那金河*、嫩江、洮儿河向海水库、莫莫格泡
倒7	临汾市	昕水河*、芝河*、鄂河*、黄河*、州川河（清水河）、汾河、浍河、涝河
倒8	沈阳市	拉马河、北沙河、柳河、辽河、浑河、蒲河、细河、养息牧河、秀水河
倒9	铜川市	石川河
倒10	盘锦市	绕阳河、辽河
倒11	亳州市	北淝河、涡河、芡河、茨淮新河、西淝河、包河、大沙河（小洪河）、赵王河
倒12	新乡市	人民胜利渠*、天然文岩渠*、天然渠、文岩渠、黄庄河、共产主义渠、卫河
倒13	宿州市	唐河、新汴河、新滩河、沱河、浍河、懈河、石梁河、老滩河、奎河、王引河、黄河故道杨庄以上段、萧濉新河

排名	城市	考核断面所在水体
倒14	濮阳市	黄河*、徒骇河、马颊河、金堤河
倒15	鹤壁市	淇河*、卫河、汤河
倒16	邢台市	卫运河、清凉江、牛尾河、滏东排河、滏阳河
倒17	绥化市	努敏河、呼兰河、松花江、安邦河、扎音河、泥河、通肯河、肇兰新河
倒18	威海市	沽河、黄垒河、乳山河、母猪河
倒19	淮北市	浍河、邂河、濉河、沱河
倒20	长春市	伊通河、拉林河、松花江、饮马河、双阳河、东辽河、新凯河、沐石河、雾开河、卡岔河
倒21	揭阳市	榕江*、龙江、榕江北河、练江
倒22	咸阳市	黑河*、泾河*、渭河*、三水河、清河、漆水河、泔河
倒23	连云港市	五灌河、兴庄河、古泊善后河、大浦河、排淡河、新沂河（北泓）、新沂河（南泓）、新沭河、朱稽河、沭新河、灌河、烧香河、范河、蔷薇河（东支）、车轴河、通榆河北延段、青口河、石梁河水库、蔷薇河（西支）、龙王河
倒24	蚌埠市	涡河*、怀洪新河、沱河、浍河、淮河、茨淮新河、四方湖、天河湖、北淝河、天井湖、沱湖
倒25	沧州市	南运河*、大浪淀水库*、北排水河、南排河、子牙河、宣惠河、漳卫新河、八团排干渠、子牙新河、廖家洼河沧浪渠、石碑河、青静黄排水渠
倒26	那曲市	怒江*、色林错*、那曲河
倒27	天津市	南水北调天津段*、沟河*、北塘水库*、州河*、果河*、王庆坨水库*、北排水河、南运河、子牙河、引滦天津河、永定新河、洪泥河、于桥水库、北京排污河（港沟河）、北运河、大清河、子牙新河、沧浪渠、海河、潮白新河、独流减河、蓟运河、青静黄排水渠
倒28	延安市	云岩河*、延河*、清涧河*、黄河*、葫芦河*、王瑶水库*、仕望河、北洛河、沮河
倒29	松原市	拉林河*、嫩江、松花江、查干湖
倒30	潍坊市	潍河*、小清河、弥河、虞河、峡山水库、北胶莱河、白浪河#

资料来源：《生态环境部公布2023年第二季度和1—6月全国地表水环境质量状况》。

注：表中带*为水体水质达到《地表水环境质量标准》（GB3838-2002）Ⅰ类或Ⅱ类；带#为6月潍坊市白浪河柳疃桥断面出现人为干扰，对该断面当月所有指标进行了最差值替代处理。

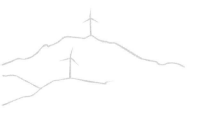

（三）固体废物处理压力较大

资源型地区的快速发展产生了大量固体废物，而城市垃圾处理设施的建设和管理水平相对滞后，导致固体废物处理压力较大。一般工业固体废物综合利用率较低，巨大的工业固废产生量单凭当地产业难以消纳。煤矸石、粉煤灰、冶炼渣等固体废物历史堆存总量巨大，大量的垃圾通常被直接填埋或倾倒，不但占用了大量的土地资源，还给土壤和地下水带来了污染风险。这些固体废物中还包含着各种有害物质，如果不进行妥善处理，将对环境和人类健康造成更大的风险。

（四）煤炭开采带来的生态环境破坏

煤炭资源型地区持续进行的煤炭开采活动带来了巨大的生态环境问题，对森林、耕地、水源以及土地等方面造成了严重破坏。在矿井开采过程中，使用爆破和挖掘等方式不仅摧毁了地表植被，也对地下水系统造成了严重的破坏，使得环境发生了不可逆转的变化。为了开采煤炭，通常需要在矿区附近清除大面积的森林，导致大量珍稀植物丧失了栖息地，也削弱了森林的生态功能。大量的耕地被占用或者破坏，使得原本肥沃的土地变得荒芜，无法继续用于农业生产。在矿井开采过程中，需要抽取大量的水以保证矿井的稳定运行。被抽取出来的水中含有大量的有害物质和重金属，如汞、铅等，这些物质会渗入周围的土壤和水源，对生态系统和人类健康构成威胁。同时，煤炭开采产生的废弃物也需要堆放，这进一步加剧了对水源的污染。随着矿井开采的深入，矿区地下会形成大空洞，当地上支撑力量不足时，矿井就会发生塌陷。这不仅危及矿工的生命安全，也会对地表的生态环境造成极大的破坏。矿山废弃物则需要占用大面积土地进行堆放，废弃物中含有大量的重金属和有毒物质，会对周围的土壤和水源造成进一步的污染，从而进一步恶化生态环境。

（五）碳减排压力大

在碳减排目标下，资源储量丰富、能源密集型产业集中的资源型地区面临着巨大的压力。2020年，中国地级资源型城市承载了全国约30%的常住人口、贡献了22%的GDP。受到产业结构和能源消费结构的影响，碳排放总量占全国的三分之一，常住人口人均碳排放量为7.56吨，比非资源型城市高16.1%；人均万元GDP碳排放量为1.68吨，是非资源型城市的1.6倍（吴康，张文忠，等，2023）。外部挑战主要源于资源型城市短期内不会改变资源能源基地的功能定位，持续不断地向全国输出化石能源及加工产品，势必要加强能源资源综合开发利用基地建设。煤炭型资源城市出现了"逢煤必化"的产业发展思路，沿海地区的高耗煤、高污染企业在日益严格的环境规制下，也开始向资源富集城市转移。在保障全国资源能源供应和实现总体环境效益最大化的前提下，资源型城市对全国碳减排的贡献程度将进一步扩大，面临着较大的碳减排压力（吴康，张文忠，等，2023）。

三、资源型地区推进生态文明建设需要处理好五大关系

在当前全球环境保护形势日趋严峻的背景下，资源型地区在推进生态文明建设方面面临着巨大的挑战和压力。为了实现资源开发的可持续发展与经济增长，同时保护好生态环境，必须处理好资源开发与生态保护、重点攻坚与协同治理、自然恢复与人工修复、外部约束与内生动力、双碳目标与自主行动五大关系。只有处理好这些关系，才能够实现资源型地区的可持续发展和生态文明建设目标。因此，必须采取积极有效的措施，合理平衡各方利益，共同推动资源型地区向生态型地区转型，为人类美好未来做出贡献。

（一）资源开发与生态保护的关系

在资源型地区，资源开发与生态保护相辅相成，资源开发是经济发展的重要支撑。资源型地区依靠开发资源实现经济增长，这同时对生态环境保护提出了更高要求。资源开发过程中往往伴随着对生态环境的破坏，要解决这一问题，实现可持续发展，必须在资源开发中重视生态环境保护的目标和要求。只有保护好生态环境，才能确保资源的可持续利用，实现经济的长期发展。在资源开发过程中，也要注重对生态环境的修复和保护，将资源开发与生态环境保护相结合，实现资源利用的最大化和对生态环境的最佳保护。一方面，资源开发对生态环境造成的破坏是不可忽视的。大规模的采矿、过度砍伐森林等行为往往会导致土地的沙化、水源的减少等问题，植物和动物的生存环境受到严重威胁。这直接威胁到生态系统的平衡，是人类可持续发展的巨大隐患。另一方面，生态环境保护是维护资源开发的前提条件。如果没有良好的生态环境，资源开发将举步维艰。没有清洁的水源，企业的生产活动将受到限制。缺乏稳定的生态系统，调节气候、防治自然灾害等功能也会丧失。因此，资源型地区必须意识到生态环境保护的重要性，将其纳入资源开发的整体规划中。资源开发要遵循科学规划和可持续利用原则，充分考虑生态环境的承载能力和自然保护区的限制，合理规划和布局各类资源开发项目，确保资源的合理利用和对生态环境的持续保护。通过高质量发展和高水平保护的协同推进，积极倡导和践行绿色、低碳、循环的发展理念，实现经济效益、社会效益和生态效益的共赢，共同迈向可持续发展的未来。

（二）重点攻坚与协同治理的关系

在资源型地区，重点攻坚与协同治理是推进生态文明建设的关键。资源型地区往往面临着一系列的生态环境问题，如水土流失、水污染、大气污染等，这些问题需要采取有力的措施来解决。只有通过重点攻坚和协同治理有机结合，才能有效解决复杂的生态环境问题。重点攻坚是为了集中力量解决当前最突出、最紧迫的问题，协同治理则是为了促进各方力量的整合和合作，实现全面、长远治理的效果。在攻坚过程中，要注重系统思维，深入挖掘并解决问题的根源；同时加强各部门之间的协作和协调，以及与其他地区的合作与沟通。只有形成强大的合力，才能取得更大的成效，持续改善生态环境。第一，需要坚持系统观念，意味着要从整体和系统的角度来看待和处理问题。这就要求不仅要关注问题的表面，还要深入挖掘问题的本质及其与其他问题之间的相互关系。只有这样才能真正找到问题的症结，制定出切实可行的解决措施。第二，需要抓住主要矛盾和矛盾的主要方面。在资源型地区，资源开发与环境保护之间往往存在着矛盾。因此，要明确资源开发和环境保护的辩证关系，要在保护生态环境的同时，保障资源的合理开发利用。只有平衡好这两者之间的关系，才能实现可持续发展。

此外，还需要加强各方面的协同合作。目标协同是指各级政府、企事业单位以及社会组织之间要在发展目标上进行统一协调，形成合力。多污染物协同控制是指要采取综合措施，全面控制各类污染物的排放。部门协同是指各相关部门要加强协作，形成工作合力。区域协同是指要加强地区间的合作与交流，共同解决生态环境问题。政策协同是指要统一政策法规，形成有力的政策保障。通过加强各项协同工作，可以更好地推动资源型地区生态环境治理工作的开展，不断增强各项工作的系统性、整体性和协同性。因此，在系统思维的指导下，将各类措施和工作有机地结合起来，形成完整的工作链条；从整体上提高治理水平，形成统一的协调机制；通过协同合作，形成合力，更好地解决资源型地区的生态环境问题。

（三）自然恢复与人工修复的关系

资源型地区一直以来都面临着自然破坏和生态失衡等问题。为了实现可持续发展，必须处理好自然恢复和人工修复的关系。在资源型地区，自然恢复与人工修复是生态文明建设的两个重要方面。资源型地区的经济发展往往伴随着生态环境破坏，必须通过自然恢复和人工修复相结合的方式，修复生态环境。

首先，要坚持山水林田湖草沙一体化保护和系统治理。山水林田湖草沙是资源型地区的重要生态要素，必须进行全面的保护和修复，形成一体化的保护格局。通过建立相应的管理机构和制定保护政策，实施生态修复工程，加强水土流失治理和水质保护，恢复生物多样性，提高生态系统的稳定性和可持续性。

其次，构建从山顶到海洋的保护治理大格局。资源型地区的生态问题往往不仅局限于陆地，还涉及对海洋环境的保护，需要加强对海洋生态系统的保护和修复，防治海洋污染，恢复海洋生态平衡。通过加强海洋监测，制定相关法律法规，加大对海洋环境的保护投入，实现陆海共治，形成全面覆盖的保护治理格局。

再次，综合运用自然恢复和人工修复两种手段也是关键。自然恢复是资源型地区生态系统自我修复的过程，虽然能够恢复自然生态系统的功能和结构，但需要花费较长的时间。人工修复则是通过人为干预的方式来实现对生态环境的修复，能够加快恢复进程。在资源型地区，要根据实际情况综合运用这两种手段，通过科学规划和实施生态修复项目，使自然恢复和人工修复相辅相成。

最后，要根据具体地区的特点和情况，因地因时制宜、分区分类施策。不同地区具有不同的生态环境特点和问题，需要因地制宜地制定相应的修复方案，针对性地开展生态修复工作。根据不同的时间阶段，逐步推进生态修复工作，进一步提升生态系统的功能性和稳定性。资源型地区的生态保护修复是一项长期而复杂的工作，需要全社会的共同努力。只有通过综合运用自然恢复和人工修复的手段，因地因时制宜地开展工作，才能找到最佳的生态保护修复解决方案，实现资源型地区的可持续发展。

（四）外部约束与内生动力的关系

在资源型地区，外部约束与内生动力是推进生态文明建设的两个重要因素。外部约束是指政府和相关部门通过制定严格的制度和法律来保护生态环境，以确保资源的可持续利用。严格执行这些制度和法律可以遏制不合法的资源开采和污染行为，同时也能加大对违法者的处罚力度，从而形成一种常态化的外部压力。然而，仅仅依靠外部约束是不够的。资源型地区还应该激发起全社会共同保护生态环境的内生动力。内生动力即来源于个人和社会群体的自觉行动和责任感，能够促使人们自觉地遵守环保规定，积极参与环境保护活动。通过提高环保意识，加强环境教育和宣传，资源型地区可以鼓励人们主动参与保护生态环境的行动，从而形成全社会共同保护生态环境的良好氛围。为了处理好外部约束和内生动力的关系，资源型地区还应该注重协调各方利益。在保护生态环境的同时，要考虑到经济发展和社会稳定的需要，避免过度限制资源开发给地方经济带来冲击，可以通过建立健全的产业转型政策和经济补偿机制，鼓励资源型企业向绿色可持续发展企业转型，并在过渡期内给予适当的支持和补偿。

此外，资源型地区还应该注重科学研究和技术创新，寻求更环保和高效的资源利用方式。通过推动科技创新，开发环保型技术和设备，可以降低资源开采和利用过程中对环境的影响，并提高资源利用效率。资源型地区还应加强与其他地区和国家的合作，共享先进的环保技术和经验，互相学习，共同应对全球性的环境问题。总之，资源型地区在处理好外部约束和内生动力的关系方面面临着巨大的挑战和机遇。资源型地区应坚持用最严格制度、最严密法治保护生态环境，并激发起全社会共同保护生

态环境的内生动力，从而实现经济发展与生态环境保护的良性循环。这样的努力将为资源型地区的可持续发展打下坚实的基础，并为后续的发展提供宝贵的经验。

（五）双碳目标与自主行动的关系

在资源型地区，实现双碳目标与自主行动是推进生态文明建设的重要方向。双碳目标指的是在应对气候变化的过程中，既要降低二氧化碳排放量，又要提高碳吸收量。资源型地区要通过自主行动，采用更加清洁、低碳的能源和生产方式，促进低碳发展，以实现双碳目标。首先，要认识到，"双碳"目标是全球应对气候变化的共同责任，必须努力减少碳排放，以实现低碳经济和可持续发展。然而，不同资源型地区的发展阶段、资源禀赋和环境条件各不相同，实现"双碳"目标的具体路径和方式也会有所差异，必须根据资源型地区的实际情况，制定符合本地区特点的减碳策略。在制定和实施这些策略时，必须充分考虑到资源型经济的特点和发展需求，确保减碳措施既能保障经济增长，又能推动环境保护。此外，在推进"双碳"目标的过程中需要保持自主性，不应盲目跟随其他地区或国际机构的指导，而应根据自身利益和需求做出决策。积极参与国际合作，吸取他国的经验和教训，将最终的决策权掌握在我们自己手中。资源型地区的自主行动还需要考虑到其他方面的影响因素。例如，在减少碳排放的同时，也要平衡就业和经济增长。通过发展低碳产业、培育绿色就业岗位等方式，实现经济转型和绿色发展的双赢局面。

总之，作为资源型地区，应当坚定承诺实现"双碳"目标，在实现这一目标的过程中，使用的路径和方式、节奏和力度应自主决定，结合本地区的资源禀赋、环境条件和发展需求，制定符合自身特点的减碳策略，并保持自主决策权。只有这样，才能在实现"双碳"目标的同时，实现可持续发展和经济繁荣。

四、推动资源型地区生态文明建设的重点

生态文明建设的价值在于更好地满足人民对美好生活的向往，为人民群众提供更好的生产生活环境（王青，李萌萌，2022）。资源型地区作为我国经济发展的重要支柱，其生态环境问题依然较为突出。通过加强生态环境污染治理、开展矿区综合整治、构建绿色低碳的生产生活方式和强化环保科技支撑，推动资源型地区的生态文明建设。

（一）加强生态环境污染治理

随着资源型地区经济的快速发展，生态环境问题日益凸显。加强资源型地区的生态环境污染治理是一项长期而艰巨的任务，需要从大气污染、水资源治理、固体废弃物污染和重金属污染等方面入手，持续加大治理力度，不断完善相关政策和措施，努力改善资源型地区的生态环境质量。

1.持续加强大气污染综合整治

资源型地区产生的大气污染主要来源于煤炭、石油的开采和利用（张文忠，余建辉，等，2014）。针对资源型地区日益突出的大气污染问题，必须采取有效的措施来遏制其对该地区良性发展的严重制约。控制大气污染至关重要，它不仅关系到居民的健康与生存环境，也影响着经济的繁荣和社会的可持续发展。

第一，要加强对大气污染源的治理。在资源型地区，众多的工业企业和采矿项目是主要的污染源。因此，通过加强对这些企业和项目的监管，实施必要的环保设施建设和运营，可以有效减少大气污染物的排放。应严格执行排污标准和限额，并建立健全的监测和惩罚机制，以确保各企业的项目合规运营，不超标排放，从而降低大气污染程度。

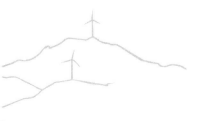

第二，要推动燃煤行业的改造升级。在资源型地区，燃煤是主要的能源来源，在燃煤过程中产生的煤烟和灰尘等污染物对大气环境造成了巨大的影响。因此，应大力推动燃煤行业的改造升级，采用更清洁高效的燃烧技术和设备，减少大气污染物的排放。同时，推广使用清洁能源替代燃煤，如太阳能、风能和水力能等，从根本上减少对大气环境的影响。

第三，要积极开展宣传教育，使公众参与其中。大气污染的控制不仅需要政府和企事业单位的努力，也需要公众的广泛参与和支持。政府可以加大宣传力度，通过媒体、教育机构等渠道普及环保知识，提高大众的环保意识。同时，鼓励公众积极参与节能减排行动，如开展环保志愿者活动、鼓励绿色出行等，共同推动大气污染的治理工作。

2.强化水资源、水环境、水生态统筹治理

资源型地区作为以资源开发为主要经济支柱的地区，面临着水资源、水环境和水生态治理的重大挑战。为了实现可持续发展，这些地区必须加强对水资源的综合治理。

第一，资源型地区应该加强对水资源的保护和合理利用。由于资源开发活动的高强度和频繁性，这些地区的水资源承担着过度开采的压力。为了避免资源型地区出现水资源短缺的问题，相关部门应加强管理和监测，制定合理的用水计划，并推广节水技术和设施。此外，应加强法律法规的制定和执行，严厉打击非法取水行为，进一步加大对水资源的保护力度。

第二，资源型地区要加强水环境治理。资源开发过程中产生的废水排放、土壤污染和大气污染等问题，导致地下水和河流水质的恶化。为保护水环境，资源型地区要加强对企业的环境监管和责任追究，推进对污染治理技术和设备的改进。同时，应加强宣传教育，提高公众的环境保护意识，促进全社会共同参与水环境治理。

3.切实加强固体废弃物污染治理

随着资源开发的不断推进，资源型地区的固体废弃物污染问题也日益突出。资源型地区必须切实加强固体废弃物污染治理，这是一项关系到人民生活品质和生态环境可持续发展的重要任务。固体废弃物的排放和处理对环境造成了严重的破坏，不仅对空气、水源和土壤造成污染，还给人们的健康带来了潜在威胁。因此，加强固体废弃物污染治理势在必行。

第一，加强废弃物分类管理。资源型地区的废弃物主要包括矿石、煤矸石、尾矿、废渣等工业废弃物。针对不同类型的废弃物，我们应该制定分类管理政策，将可回收物、可利用物和有害物质有序分类进行收集和处理，以最大限度地减少废弃物对环境的影响。同时，通过对可回收物的再加工和再利用，可以实现资源的循环利用，为资源型地区的经济发展带来新动力。

第二，建立完善的废物处理设施和循环经济体系。资源型地区应当加大对废物处理设施的建设投入，建立起高效的处理系统，包括垃圾焚烧厂和废物填埋场等，确保固体废弃物能得到有效处理。同时，继续推动循环经济发展，通过废物再利用和资源回收，实现资源的最大化利用和减少废物排放。

第三，应加强对相关企业的监督和管理，确保其妥善处理废弃物。资源型地区的相关企业通常会产生大量的废弃物，如果没有得到有效的处理和管理，将对环境造成严重污染。因此，资源型地区应加强对相关企业的监督和管理，制定相关的法律法规，并加强执法力度，确保企业按规定妥善处理废弃物，有效防治废弃物污染。

第四，还应加大对固体废弃物处理技术和研发的投入，推动新技术的应用和推广，以提高废弃物处理的科学性和可行性。固体废弃物处理技术的研究和应用是解决废弃物污染问题的关键。资源型地区应加大对废弃物处理技术的投入，支持科研机构和企业进行相关技术的研究和开发，推动新技术在废弃物处理领域的应用和推广，提高废弃物处理的科学性和可行性。

第五，加强宣传教育工作，提高公众对固体废弃物污染的重视程度，形成全社会共同参与治理固体废弃物的良好氛围。宣传教育是推动废弃物治理的重要手段（王青，李萌萌，2022）。资源型地区应加大对固体废弃物污染的宣传力度，通过各种媒体渠道向公众普及固体废弃物污染给环境和健康带来的影响，提高公众的环保意识和行动力。同时，还应加强在学校、社区等公共场所的宣传教育，推动普及废弃物分类和回收利用。通过学校教育、社区教育和公益宣传等途径改变人们对自然的态度及行为，树立牢固的生态文明观念，增强全民生态意识、环保意识、节约意识和绿色意识。提高整体道德素质，从而实现全面发展。

总之，资源型地区应加强固体废弃物污染治理，通过加强废弃物分类与回收、加强废弃物处理设施建设与改造、加强对相关企业的监督和管理、加大对废弃物处理技术和研发的投入以及加强宣传教育工作，共同推动固体废弃物污染治理工作的开展，实现环境保护和可持续发展的目标。

4.针对性地进行重金属污染综合整治

资源型地区重金属污染主要由采矿、冶炼、铅蓄电池、化学原料及其制品等行业引发，不仅破坏土壤的肥力、毒害植物的生长、污染周围环境，甚至对个体也会产生极大危害，如何控制和减轻重金属对环境的污染和危害已成为一个日益突出的问题（张文忠，余建辉，等，2014）。资源型地区应实施重金属污染综合整治，以保护环境和人民健康。

第一，应从源头上控制各行业所产生的重金属污染。重金属污染主要来自采矿、冶炼、铅蓄电池、化学原料及其制品等工业活动，同时也与废弃物处理和农药使用等行为有关。应增强各个行业的环保意识，提高环保设施和技术的使用率，减少重金属的排放量，通过提高工业生产的环保水平，可以有效减少重金属污染的产生。

第二，对容易产生重金属污染的矿区或者企业进行严格监管。由于矿区和企业是重金属污染的主要来源之一，应加大对这些地方的监管力度，确保其生产过程中不会产生过多的重金属污染物。监管部门应加强巡查和检测，对存在问题的企业进行处罚，并责令其立即采取相应的整改措施，以减少重金属的排放。

第三，还可以采用生物、物理和化学等方法改变重金属在土壤中的存在形态或降低其在土壤中的迁移率。生物修复是利用植物或微生物的活性来吸附或降解土壤中的重金属，减少重金属对环境和生物危害的方法。物理修复主要是利用土壤修复技术，如堆肥、掺土和覆盖等方法，减少重金属在土壤中的可迁移性和生物有效性。化学修复则是通过添加一些化学试剂，如络合剂和固化剂，将重金属转化为不具有毒性的形态，以减少其对环境的影响。这些修复方法可以有效地改善土壤中的重金属污染状况，有效降低农用地和建设用地的土壤环境风险。

第四，为了加强对重金属污染治理与修复的研究，应选取一些资源型地区开展重金属污染治理与修复试点项目。通过实践和研究，积累宝贵的经验，制定出适合不同地区的治理与修复方案，为全国其他资源型地区提供借鉴。同时，还可以通过技术引进和国际合作，借鉴国外先进的重金属污染治理与修复经验，加速解决资源型地区的重金属污染问题。

综上所述，资源型地区应实施重金属污染综合整治，从源头上控制各行业和各类行为产生的重金属，对容易产生重金属污染的矿区和企业实施严格监管，采用生物、物理和化学等方法改变重金属在土壤中的存在形态或减少其在土壤中的迁移率，选取一些资源型地区开展重金属污染治理与修复试点项目。只有全面加强重金属污染治理工作，才能保护好我们的环境，保护好人民的身体健康。

（二）开展矿区综合整治

开展矿区综合整治是解决资源型地区环境问题的关键措施。矿区综合整治包括加大矿区生态修复与治理力度、深入推进采煤沉陷区综合治理、

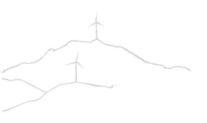

引导独立工矿区改造提升等。通过综合整治矿区，减少环境污染物的排放，修复生态环境，保护生态系统平衡。

1.加大矿区生态修复与治理力度

随着资源型地区的开发和利用，矿山开采对生态环境造成了严重破坏。为保护和修复矿区的生态环境，应该制定矿区生态环境恢复治理规划和矿山环境恢复治理方案，因地制宜确定矿区生态修复目标，将矿山生态环境修复与生态旅游、居民游憩等结合，实施土地复垦、林地恢复、生物多样性保护、景观修复、矿山生态公园等多模式修复。

第一，必须明确企业和地方政府的主体责任。在矿区生态修复和治理中，企业和地方政府应当主动承担责任，加大投入，积极推动生态修复和治理工作的开展。同时，还应该探索第三方治理模式，鼓励利用市场化手段深入推进废弃矿山的生态修复。通过引入第三方力量，可以有效地提升治理效果，加快生态环境的恢复和治理进程。

第二，需要完善矿区废弃地调查和复垦规划工作。在进行矿山生态修复和治理之前，必须对废弃地进行全面调查和评估，确定复垦的可行性和具体方案。同时，还应该严格执行土地复垦标准，确保复垦工作的质量和效果。为吸引社会资金参与复垦工作，政府应该提供适当的补贴，并将复垦纳入耕地占补平衡、新增建设用地指标增减挂钩等政策奖励范围，以提高社会资金的投入和参与度。

第三，加大对历史遗留矿山的生态修复力度。针对资源型地区已经出现的环境问题，持续开展土地绿化行动，推进具有代表性的绿色生态建设项目，实施地质灾害隐患治理、矿山周边天然林保护、矿山损毁土地植被恢复等生态保护修复工程（何彦霏，2023）。在修复历史遗留矿山的过程中，可以探索实施"生态修复+废弃资源利用+产业融合"的新模式，通过合理利用废弃资源和推动产业融合，促进废弃矿山的生态修复和可持续发展。这种模式不仅可以保护生态环境，还可以创造经济效益，实现生态与经济的双赢。

综上所述，资源型地区应加大矿区生态修复与治理力度。为了实现这一目标，应该制定矿区生态环境恢复治理规划和矿山环境恢复治理方案，因地制宜确定矿区生态修复目标，实施土地复垦、林地恢复、生物多样性保护、景观修复、矿山生态公园等多模式修复。同时，要明确企业和地方政府的主体责任，探索第三方治理模式，鼓励利用市场化手段深入推进废弃矿山的生态修复。完善矿区废弃地调查和复垦规划工作，严格执行土地复垦标准，鼓励社会资金参与复垦，并且将复垦纳入耕地占补平衡、新增建设用地指标增减挂钩等政策奖励范围。加大历史遗留矿山生态修复力度，探索实施"生态修复+废弃资源利用+产业融合"新模式，促进废弃矿山的生态修复和可持续发展。只有加大力度，才能有效地保护资源型地区的生态环境，实现资源型地区的可持续发展。

2.深入推进采煤沉陷区综合治理

资源型地区采煤对地质构造和地下水系统的影响不容忽视，采煤沉陷问题逐渐凸显。为了有效应对采煤沉陷给地质环境和人民生活带来的负面影响，资源型地区亟需深入推进采煤区综合治理。将采煤沉陷区修复与城市生态环境建设相结合，在采煤沉陷区建设城市公园、绿地和湖泊。推进沉陷区居民避险安置，加快推进采煤沉陷区生态修复和矿山环境治理。

第一，加强对采煤沉陷区的调查和研究。通过深入了解采煤活动对地质构造和地下水系统的影响，能更准确地预测和评估采煤沉陷的范围和程度，为后续的综合治理提供可靠的数据支持。只有建立科学的评估体系，才能确保治理措施具有针对性和长效性。

第二，积极推广矿山回填技术。矿山回填技术能有效填充采煤沉陷区的空洞，减轻地面沉陷造成的压力。同时，回填可以防止地下水资源的流失和地表塌陷，从而保护地下水的稳定性和地表的安全。矿山回填技术无疑是综合治理采煤沉陷问题的重要手段，应加大推广和应用力度。

第三，加强土地复垦和生态恢复工作。统筹推进土地综合整治和利用，激活沉陷区土地资源，通过重新规划和利用采煤沉陷区的土地，恢复这些区域的生态平衡和生物多样性；合理的土地复垦还可以为当地经济的发展提供新的机遇和动力。因此，在治理采煤区的同时，必须充分考虑到土地的综合利用和环境保护。

第四，在推进采煤区综合治理的过程中，相关部门应积极发挥作用，加强政策引导和指导，推动科技创新和技术进步，提高技术应用水平。同时，还应强化对企业的监管，建立健全监督机制，确保治理工作的顺利进行并取得实效。

综上所述，资源型地区深入推进采煤区综合治理是一项紧迫的任务。通过加强调查研究、推行矿山回填技术以及加强土地复垦和生态恢复工作，可以有效应对采煤沉陷问题，实现资源型地区的可持续发展。相关部门和企业应积极行动起来，共同努力，为建设美丽中国、实现绿色发展贡献力量。

3.引导独立工矿区改造提升

随着经济的快速发展，独立工矿区在国家工业布局中扮演着重要的角色。然而，受历史原因和技术水平的限制，这些工矿区面临着诸多问题，如城镇功能单一、产业结构不合理、矿产资源枯竭等。为了改善这些问题并推动独立工矿区的可持续发展，需要引导独立工矿区根据自身情况探索各具特色的改造模式。

第一，引导独立工矿区根据自身情况探索具有特色的改造模式，重点方向包括城镇功能拓展、产业提质升级、产城融合发展、易地搬迁转型等方面。在城镇功能拓展方面，独立工矿区应以提高城镇化水平为目标，积极引入新产业和服务业，拓宽城镇功能。通过发展现代服务业、文化创意产业等高附加值产业，提升城市的经济综合竞争力。要重视基础设施建设，提升居民生活品质，打造美丽宜居的城镇。在产业提质升级方面，独立工矿区应该加大技术创新力度，加快产业升级步伐。通过引进高新技术和先进管理经验，提高生产效率和产品质量，提升企业竞争力。要鼓励企业进行品牌建设，提高产品附加值和市场占有率。通过产业提质升级，独立工矿区可以实现从传统工业向现代工业的转型升级。独立工矿区还应注重产城融合发展，通过优化土地利用结构，合理规划城市空间，提高土地利用效率。要加强产城融合规划和建设，打破传统产业园区的界限，实现产业与城市的融合发展。这样既可以提高工矿区的产业发展水平，也可以改善城市基础设施，提升居民生活质量。

第二，独立工矿区还需要应对地质灾害和资源枯竭矿区的安全隐患。为了防范和治理地质灾害，要加强对地质灾害治理的科学研究和技术支持，提升地质灾害预警和监测能力。同时，要加强资源枯竭矿区的安全隐患排查治理，建立健全安全管理制度，加强安全基础能力建设，坚决防范和遏制重特大安全事故。

第三，为了推进独立工矿区的改造提升，还需要深入实施独立工矿区改造提升工程。通过健全"有进有出、滚动推进"的支持机制，科学评估工程实施条件，动态调整政策支持范围，推动独立工矿区的改造提升工作。要以改善生产生活条件和补齐发展短板为着力点，重点支持地质灾害隐患区居民的避险搬迁，稳步推进迁出区的生态修复和环境整治。通过持续提升独立工矿区的可持续发展能力，实现独立工矿区的转型升级。

第四，独立工矿区还需要加快推进绿色矿山建设，提高采矿回采率、选矿回收率和综合利用率。通过推行绿色矿山的理念和技术，减少矿业对环境的影响，提升矿山企业的环保形象和社会责任感。同时，要注重资源的节约利用，加强矿产资源管理，推动矿业的可持续发展。

综上所述，引导独立工矿区改造提升是一个较为复杂的系统工程，需要政府、企业和社会各界共同努力。要根据独立工矿区的实际情况，探索适合自身特点的改造模式，从城镇功能拓展、产业提质升级、产城融合发

展、易地搬迁转型等方面确定改造提升的重点方向。通过加强对地质灾害治理和资源枯竭矿区的安全隐患排查治理，加强安全基础能力建设，可以防范和遏制重特大安全事故。通过深入实施独立工矿区改造提升工程，健全支持机制，科学评估工程实施条件，动态调整政策支持范围，可以推动独立工矿区的可持续发展。加快推进绿色矿山建设，提高采矿回采率、选矿回收率和综合利用率，可以减少矿业对环境的影响，推动矿业的可持续发展。相信在各方共同努力下，独立工矿区的改造提升工作必将取得积极的进展。

（三）构建绿色低碳生产生活方式

绿色发展以实现人与自然和谐共生为价值取向，要想从根本上解决生态问题，必须从转变生活方式和发展方式入手。构建绿色低碳生产生活方式是推动资源型地区生态文明建设的重要举措（于舟，万立明，2023）。资源型地区长期依赖高耗能、高污染的产业发展模式，导致了资源浪费和环境污染问题加剧。因此，转变发展方式，构建绿色低碳生产生活方式是保护资源型地区生态环境的重要途径。这意味着要推动产业结构升级，发展绿色产业和低碳产业，加强节能减排、优化能源生产和消费结构，构建绿色低碳生活方式，提高资源利用效率，减少环境污染。

1.构建绿色低碳产业体系

资源型地区的经济发展主要依赖于资源的开采和加工。然而，长期以来，由于资源开采的方式和过程，资源型地区的可持续发展面临严峻挑战。为了推动资源能源绿色开发，保护生态环境，建设可持续发展的资源型地区，需要构建绿色低碳产业体系。

第一，严格矿产资源规划管理，开展绿色勘查，并执行勘查施工生态环境保护措施。矿产资源勘查，应优先选择技术先进、环境友好的勘查方法，减少对生态环境的破坏。在勘查施工过程中，必须严格执行环境保护措施，保护周边的生态环境和生物多样性。

第二，加快推进绿色矿山建设。新建矿山必须严格按照绿色矿山标准进行建设，确保资源开采过程中的环境友好和生态保护。现有矿山应按照绿色矿山标准进行提升改造，实现矿山可持续发展。同时，还应推动绿色矿山示范区建设，为其他矿山提供可行的绿色发展模式，推动整个行业向绿色化发展。

第三，推进接续产业的绿色化改造。充分利用新技术、新能源、新设备推进资源能源绿色开发，因地制宜壮大绿色经济，包括促进清洁能源开发利用、推广节能环保技术、加强环境监管与治理，以及推进循环经济模式等（何彦霖，2023）。引导企业实施清洁生产升级改造，采用清洁高效制造工艺，实施绿色制造工程，推动工业企业和园区创建绿色工厂和绿色园区，构建绿色制造体系。通过提高资源利用率，减少环境污染，实现产业的可持续发展。

第四，支持资源型地区开展低碳城市试点和低碳园区示范。通过引入先进的低碳技术和管理模式，推动城市和园区的低碳化转型，减少温室气体排放，提高资源利用效率。

第五，加快固体废弃物综合利用示范基地的建设。严格执行重点行业的环境准入和排放标准，淘汰落后和过剩产能，促进固体废弃物资源化利用，减少对环境的污染和危害。

第六，加快节能环保产业发展。重点行业如钢铁、石化和建材等，应加大对节能环保技术和装备的研发及应用，推动产业向绿色低碳方向转变。同时，要发挥政策的支持和引导作用，促进节能环保产业的发展和壮大。

通过绿色生产的方式，资源型地区可以实现经济效益与环境保护的良性互动，推进向环境友好型产业转型、优化资源利用、减少污染排放，实现可持续发展的目标。总之，构建绿色低碳产业体系是推动资源型地区可持续发展的关键举措。只有通过建设绿色矿山、打造绿色化改造产业、推

进低碳城市试点和发展节能环保产业等方面的努力，才能实现资源型地区的绿色转型和可持续发展。我们必须认识到，保护环境、促进经济和谐发展是我们的责任和使命，只有积极行动起来，才能实现资源型地区的绿色低碳化。

2.优化能源生产和消费结构

随着能源需求的不断增长和环境问题的日益严重，优化资源型地区的能源生产和消费结构已经成为亟待解决的问题。在现有煤炭加工利用技术的基础上，应继续深入研究煤炭能源的高端化和精细化利用技术，大力推进煤炭能源的清洁高效利用，形成能源的优势特色。

第一，加大对新能源、可再生能源在生产生活中的应用力度。推动能源革命，创新能源开发模式，大力发展可再生能源。利用光伏、风能、地热和水能等新兴可再生能源替代、减少煤炭能源的使用，是改善能源结构的重要方式之一。光伏、风能等新能源技术已经取得了显著进步，在生产生活中的应用具有广阔的前景。通过加大技术研发和政策支持力度，可以进一步推广和应用这些新能源技术，减少煤炭能源消耗，延长、深化新能源产业链。

第二，在更大范围内推广新能源的广泛应用。例如，在城市建设中，可以大规模推广光伏路灯、绿色建筑等技术，减少对传统能源的依赖。光伏路灯不仅可以提供照明，还可以通过太阳能板发电，为城市供应清洁能源。绿色建筑通过使用节能材料和先进的建筑技术，实现能源的高效利用。在冬季供暖方面，地热供暖技术具有广阔的前景。地热能是一种可再生能源，通过将地下的热能用于供暖和热水，不仅能减少对传统能源的依赖，还能减少环境污染。通过推广这些新能源，可以有效地改善能源结构，减少对煤炭资源的依赖。

第三，加强对煤炭能源的清洁高效利用。煤炭是我国主要的能源之一，其燃烧产生的污染物会对环境和人体健康造成极大的危害，因此，应继续研究和开发煤炭的高效清洁利用技术。例如，通过精选和综合利用煤矸石，可以提高煤炭的利用效率，减少煤炭资源的浪费。此外，煤炭气化技术和炼焦煤气技术可以将煤炭转化为天然气，减少直接燃烧煤炭，降低污染物排放。通过应用这些清洁高效的技术，可以实现煤炭能源的优化利用，减少环境污染。

综上所述，优化资源型地区的能源生产和消费结构是一项复杂而严峻的任务。在现有煤炭加工利用技术优势的基础上，继续深入研究煤炭能源的高端化、精细化利用技术，加大新能源、可再生能源在生产生活中的应用力度，推广新能源的广泛应用，以及加强对煤炭能源的清洁高效利用，都将为优化能源结构、实现可持续发展做出重要贡献。不断加强科研与工程实践的结合，积极推动技术创新和产业升级，为资源型地区的能源生产和消费结构的优化奠定坚实基础。

3.构建绿色低碳生活方式

生态环境问题归根结底是发展方式和生活方式的问题，要实现人与自然和谐共生，重要途径之一就是改变个人不合理的生活方式，推动形成节约适度、绿色低碳、文明健康的生活方式和消费模式（曾嵘，王立胜，2023）。资源型地区作为我国经济发展的重要支柱，应提倡健康节约，形成绿色低碳的生活方式，促进经济社会发展的全面绿色转型。

第一，资源型地区需统筹地下资源能源开发与地上城镇发展。这意味着要在资源开发与环境保护之间找到平衡点。在资源型地区，要根据资源环境承载能力和可持续发展的要求，科学实施开发强度管控，避免过度开采资源对环境造成破坏。只有实现资源的可持续利用，才能促进地区经济可持续发展。

第二，资源型地区应坚持完善废旧物资回收网络，并积极推进生活垃圾分类回收处理。废旧物资的回收与再加工利用对保护环境至关重要。资源型地区应加大回收废旧物资的力度，并提高再生资源加工利用水平，推

动有条件的地区建设固体废物资源回收和危险废物处置基地。通过这些措施，能够减少废弃物的排放，实现资源利用最大化。

第三，资源型地区要加强城市规划，保护城乡自然山水格局和历史人文风貌。现代城市化进程中，城市规划和建设往往会给环境带来不良影响。因此，在开展城市化建设的同时，资源型地区应注重保护自然环境和文化遗产，推进城市绿道和生态廊道建设，这不仅可以提供休闲娱乐场所，也有助于改善生态环境，提高居民的生活质量。

第四，资源型地区还应培育和践行绿色文化，倡导简约适度、绿色低碳的生活方式。通过倡导绿色消费和绿色出行，可以降低人类活动对环境的影响。资源型地区应加大对城市节能降碳工程的投入，推动建筑、交通和照明等基础设施的节能升级改造，提高城市综合能源效益。这些举措能够有效减少能源消耗和碳排放，打造一批绿色城市。

总之，资源型地区构建绿色低碳生活方式对推进其全面绿色转型具有重要意义。通过统筹地下资源能源开发与地上城镇发展、完善废旧物资回收网络、加强城市规划、培育和践行绿色文化等措施，可以实现资源的可持续利用，促进经济社会的可持续发展。只有全面推进绿色低碳生活方式，才能为我国的可持续发展做出更大的贡献。

（四）强化环保科技支撑

科学技术作为人类认识自然和改造自然的强大武器，在人类社会的物质文明、精神文明、生态文明等方面产生了重要影响，可持续发展的实现与科技进步息息相关（王青，李萌萌，2022）。科技创新有助于建立保护生态环境的发展模式，增强对生态文明建设的支撑作用。在资源型地区，环保科技的发展和应用尤为关键。通过增强环保技术创新能力和加快先进技术的推广应用，可以提升资源型地区的环保成效，促进资源型地区的可持续发展。

1.增强环保技术创新能力

近年来，随着人们环保意识的增强，环保产业已成为全球发展的热点领域。对于资源型地区来说，环保技术创新更是一项重要任务。为了实现可持续发展，提高环境质量，应该围绕环保目标和环保产业发展的需求，跟踪国内外绿色技术产业发展，积极抢占前沿绿色技术发展制高点，重点开展矿产和生物资源、清洁能源、生态环境、生态农业等领域的科技研发（董强，2018），提高资源型地区的科技水平和创新能力，推动绿色技术的发展，为生态文明现代化提供技术支撑。

第一，完善以企业为主体的技术创新体系。只有企业具备了创新能力，才能在环保技术领域中保持竞争力。因此，应该鼓励企业进行技术创新，提供政策和资金支持，激励企业在环保技术研发上取得突破。同时，为了加强各方力量的合作，构建由企业牵头组织、高等院校和科研院所共同参与的产业技术创新战略联盟至关重要。通过与联盟的合作，可以整合资源，促进创新和科技成果的转化。

第二，提高研发能力，加速科技成果的转化和产业化。在资源型地区，矿产和生物资源是重要的经济支柱。因此，应加强矿产和生物资源领域的科技研发，开展更具创新性和实用性的项目。同时，在清洁能源、生态环境和生态农业等领域也需要加大科技研发力度，推动技术的进步和发展。通过加强原始创新、集成创新和引进消化吸收再创新能力，可以提高创新效率，满足资源型地区的环保需求。

第三，全面提高资源利用效率。在资源型地区，资源的高效利用是关键。推进绿色低碳循环发展，通过新旧动能转换和绿色技术创新，提高资源利用率，减少污染排放，实现经济发展与资源环境的协调。鼓励企业采取节能减排措施，提高资源利用效率。政府也应该加大监管力度，制定更加严格的环保政策，促进企业进行环保投资，加大环保设施建设力度，提高企业的环保意识。

总之，增强资源型地区的环保技术创新能力是一项重要的任务。通过完善技术创新体系，构建产业技术创新战略联盟，提高研发能力，加速科技成果的转化和产业化，全面提高资源利用效率，推动资源型地区向可持续发展的方向迈进，提高环境质量，实现经济社会的可持续发展。

2.加快先进技术推广应用

资源型地区的发展模式往往伴随着环境污染和能源浪费问题。为了改变这种状况，需要加快先进技术在资源型地区的推广和应用，特别是发展绿色技术，以实现可持续发展的目标（韩春香，2017）。

第一，建设一批技术先进、配套完善的节能环保产业示范基地。这些基地要配备先进的技术装备和完善的配套设施，能够展示和推广适应资源型地区的环保技术、装备和产品。示范基地的建设将提供一个实践平台，吸引企业和专家参与其中，从而加快绿色技术的应用和推广。

第二，打造环保重点技术装备和产品示范工程。打造示范工程，集中资源和力量，加快先进环保技术的研发和推广。这些示范工程可以涉及清洁能源、循环经济、污染治理等领域。通过示范工程推广，可以有效提高资源型地区的环保水平，实现资源的有效利用和经济的可持续发展。

第三，大力发展环境污染治理服务和环保设施运营服务。这些服务发展可以提高资源型地区环境治理的专业化和标准化程度。特别是要培育一批以专业化环保设施设计和建设为重点的持证运营企业，保障环保设施的运营和维护。这样，资源型地区的企业和政府能够更加专注于主业，将环境治理交给专业的公司来负责。

第四，加强科技创新和人才培养。通过加大科研投入力度，推动绿色技术的创新和应用。培育一批具有环保专业知识和技能的人才，提高资源型地区的环保水平，推动绿色技术的应用和推广。

总之，资源型地区加快先进技术的推广和应用是实现可持续发展的关键。通过建设示范基地、打造示范工程、发展环境污染治理服务和环保设施运营服务以及加强科技创新和人才培养，推动资源型地区的绿色转型，实现经济的可持续发展和环境的改善。

五、促进资源型地区生态文明现代化建设的体制机制

随着现代社会的发展，资源型地区生态环境问题日益突出，人们也日渐认识到生态文明建设的重要性。为促进资源型地区生态文明现代化，需要建立起一套科学合理的体制机制，且体制机制构建要以生态价值理念为基础、以绿色发展理念为统领、以多元共治理念为保障（李甜甜，2023）。环境保护机制、市场配置机制、公众参与机制以及考核评价机制在其中发挥了重要的作用。只有通过这些机制的有机结合，才能实现资源型地区生态文明现代化的目标，从而实现建设美丽中国的梦想。因此，应当高度重视这些机制的建立和完善，并持续加大力度，为资源型地区的高质量发展提供坚实的制度保障。

（一）环境保护机制是实现资源型地区生态文明现代化的关键

资源型地区的发展往往伴随着资源开发和环境破坏。在这种情况下，保护生态环境就成为一项紧迫的任务。为了实现资源型地区的生态文明现代化，必须建立起有效的环境保护机制。有效的环境保护机制应该包括完善的法律法规、科学的监测评估和严格的执法力度。同时，应加强对污染行为的处罚力度，引导企业和个人转变传统的高耗能、高污染生产方式，推动资源型地区向绿色发展转型。

第一，完善的法律法规对于资源型地区的环境保护至关重要。政府应当加强立法工作，制定出符合国情和资源型地区实际情况的环境保护法律法规。这些法律法规应当具有明确的指导性和可操作性，为资源型地区的

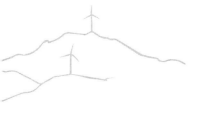

环境保护工作提供法律依据和保障。

第二，科学的监测评估是环境保护机制的关键组成部分。资源型地区的环境状况复杂多变，监测评估能够及时了解环境污染的程度和影响范围，为环境保护工作提供科学依据。政府应当加强环境监测能力建设，提高监测设备的精度和覆盖范围，并及时公开监测数据，提高信息透明度。同时，应加强对环境污染源的监管，对违法行为进行严厉处罚，以起到震慑作用。

第三，严格的执法力度是环境保护机制的重要保障。资源型地区往往存在一些企业和个人为牟取暴利，采取高耗能、高污染的生产方式，严重破坏生态环境。政府应当加大对污染行为的处罚力度，建立有效的执法机制。应加大对企业和个人的监管力度，通过严格执法，引导企业和个人转变传统的高耗能、高污染生产方式，推动资源型地区向绿色发展方向转型。

通过建立有效的环境保护机制，可以有效保护资源型地区的生态环境，实现资源型地区的生态文明现代化。这对实现可持续发展和建设美丽中国具有重要意义。政府应当高度重视资源型地区的环境保护工作，加强顶层设计，加大投入力度，推动环境保护事业的发展。社会各界应当增强环保意识，积极参与环境保护行动，共同构建资源型地区的生态文明。

综上所述，建立有效的环境保护机制是实现资源型地区生态文明现代化的关键。完善的法律法规、科学的监测评估和严格的执法力度是构建环境保护机制的重要组成部分。同时，加大对污染行为的处罚力度，引导企业和个人转变传统的高耗能、高污染生产方式，推动资源型地区向绿色发展方向转型。只有通过这些举措，资源型地区才能实现生态文明现代化，为国家经济发展和社会进步做出更大的贡献。

（二）市场配置机制在资源型地区生态文明现代化中起重要作用

市场能够提供有效的资源配置和利益分配机制，通过价格信号引导企业和个人更合理地利用资源。为此，应完善资源税收制度、推行碳排放交易制度等，以促使资源型地区企业和居民节约资源、减少污染。此外，应增加对生态产品的支持和补贴，激励企业转型升级，推动绿色产业的发展。

市场通过传递价格信号，能够引导企业和个人更合理地利用资源。在资源型地区，通过完善资源税收制度，可以激发企业和居民节约资源的积极性。例如，提高资源税的税率能促使企业和居民更加珍惜和合理利用资源，从而实现资源的有效配置。此外，推行碳排放交易制度，通过对企业的碳排放进行交易和定价，引导企业减少污染和节约能源。这些措施通过市场机制发挥作用，能够实现资源的高效利用和减少污染。

除了加强资源税收和制定碳排放交易制度之外，在促进资源型地区生态现代化中，还应该加大对生态产品的支持和补贴力度。这样可以激励企业转型升级，推动绿色产业的发展。例如，政府可以通过给予生态产品产业链的各个环节税收减免或者补贴，鼓励企业在绿色技术和环保产业上进行投资和创新。这些举措相互配合，将会为资源型地区带来经济转型和生态现代化的双重效果。

然而，要使市场配置机制在资源型地区生态现代化中有效发挥作用，还需要政府和社会各界的共同努力。政府应加大对市场监管和规范的力度，防范市场不规范行为和信息不对称的问题。同时，政府还应加强对绿色产业政策的研究和制定，为企业提供更多的支持和指导。社会各界也应关注和参与资源型地区的生态现代化，共同推动生态现代化进程。

总之，市场配置机制在资源型地区生态现代化中发挥着重要作用。通过提供有效的资源配置和利益分配机制，市场能够引导企业和个人更加合理地利用资源。为了实现这一目标，需要通过完善资源税收制度、推行碳排放交易制度等，以促使资源型地区企业和居民更加节约资源、减少污

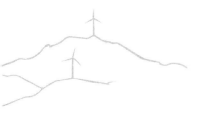

染。同时，还应加大对生态产品的支持和补贴力度，激励企业转型升级，推动绿色产业的发展。只有政府、企业和社会各界共同努力，才能实现资源型地区生态现代化的目标。

（三）公众参与机制是促进资源型地区生态文明现代化的重要保障

生态文明建设应是全体人民共同的事业，良好的生态环境是全体人民的财富，因此人民群众既是生态环境的保护者与建设者，又是生态文明的创造者（王青，李萌萌，2022）。全面开展生态文明建设，广泛动员全民参与生态文明建设，完善社会各群体参与机制，树立广泛的生态环保意识，将外在的保护生态环境的制度规范内化为人们的道德自觉。调动各主体参与生态保护的积极性，提升人民群众在生态环境保护方面的主人翁意识和责任感，做到外在约束力与内在驱动力并行，真正将生态文明理念内化于心、外化于行（曾嵘，王立胜，2023）。构建公众参与生态文明建设的行动体系，鼓励居民、社会组织和企业参与生态环境保护，引导公众培养绿色生活方式和绿色消费习惯，营造全社会关心、支持、参与环境保护的良好氛围，提高全社会的环境保护和生态文明意识，共同推动资源型地区的生态文明建设。

第一，拓宽公众参与的途径。公众参与应该从多个维度展开，覆盖不同层面的人员和组织。政府部门可以通过公众参与研讨会、听证会等形式，与公众互动交流，听取民意建议，研究制定相关政策。企业可以通过开展环境教育活动、组织志愿者参与环境保护项目等方式，引导广大员工和企业家积极参与生态环境保护。推进生态文明教育，促使人与自然和谐共生的理念内化于心、外化于行（邬晓燕，张悦冉，2022）。社会组织可以通过开展宣传教育活动、组织公益项目等方式，动员更多的社会力量参与生态文明建设。只有通过多方参与，才能形成生态文明建设的合力。

第二，强化公众监督，确保公众参与的有效性。公众监督是保障生态环境保护工作顺利进行的必要手段。政府部门应当主动公开信息，及时回应公众关切，接受社会监督。同时，应建立完善的投诉和举报机制，鼓励公众积极参与环境监督工作，对违法违规行为进行举报。此外，通过舆论引导提高公众的环保意识和责任感，进一步激发公众参与的积极性和主动性。只有让公众了解环境问题的严重性、了解自己的权益和责任，才能推动生态文明建设达到新高度。

第三，加强法律保障，确保公众参与的合法性和公正性。环境立法是生态文明建设的根本保障，生态环境保护同样要依靠法治（王青，李萌萌，2022）。制定和完善相关法律法规，明确公众参与的权利和义务，为公众参与提供法律保障。同时，要建立完善相关的制度机制，确保公众参与的程序公正透明、结果可预期。通过法律的力量，推动资源型地区生态文明建设迈向规范化、制度化的轨道。

在实践中，公众参与生态文明建设虽然已经取得了一定的成果，但仍然需要不断完善和进步。只有坚持发展生态文明、构建公众参与生态文明建设的社会行动体系、拓宽公众参与途径、强化公众监督、加强法律保障，才能真正实现资源型地区生态文明的现代化转型。

（四）考核评价机制是引导资源型地区生态行为的重要手段

为了激励资源型地区在保护生态环境方面发挥积极作用，建立科学的考核评价机制至关重要。这种机制能够充分发挥市场和社会的监督作用，推动各地区、各部门主动履行生态环境保护职责。考核评价机制应该包括环境治理成效、生态环境质量、生态文明建设进展等，以评价和激励为手段，促使资源型地区生态文明现代化的持续推进。

第一，建立科学的考核评价机制能够充分发挥市场和社会的监督作用。在传统的经济发展模式下，资源型地区往往忽视了对生态环境的保护，导致资源过度开采和环境污染。通过建立科学的考核评价机制，可以

实现对资源型地区破坏环境行为的有效监督和约束。该机制应该设立相应的考核指标，明确资源型地区在生态环境保护方面的职责和义务，设定合理的考核标准，对不合格的地区予以惩罚和警示，对合格的地区给予奖励和激励。这样，资源型地区在面临资源开发和保护生态环境的抉择时，就会更加重视生态环境保护，主动履行保护职责，从而实现可持续发展。

第二，考核评价机制应该包括环境治理成效、生态环境质量、生态文明建设进展等指标。环境治理成效是衡量生态环境保护工作的重要指标。通过考核各地区环境治理成效，可以及时发现和纠正环境问题，推动环境治理持续改善。同时，对生态环境质量的评价也是不可忽视的。通过评估各地区生态环境质量，可以及时发现和解决环境问题，促进生态环境的持续改善。此外，考核评价机制还应该关注生态文明建设的进展情况。通过评价各地区生态文明建设，可以推动资源型地区在生态文明建设方面的不断进步，促进生态文明现代化的形成和发展。

第三，建立考核评价机制应该以促进和激励为手段，对于不合格的地区，应该采取相应的惩罚和警示措施，以激励其积极改进生态环境保护工作。对于合格的地区，应该给予相应的奖励和激励，以鼓励其继续保持良好的生态环境状况。同时，要注重考核评价机制的科学性和公正性，确保结果真实可靠，避免利益驱动和不公平竞争。只有这样，才能真正发挥考核评价机制的作用，促使资源型地区生态文明现代化的持续推进。

综上所述，考核评价机制是引导资源型地区生态行为的重要手段。通过建立科学的考核评价体系，能够充分发挥市场和社会的监督作用，促使各地区、各部门主动履行生态环境保护职责。该机制应涵盖环境治理成效、生态环境质量、生态文明建设进展等方面的评价指标，以评价促进和激励为目标，推动资源型地区生态文明现代化的持续推进。只有通过科学的考核评价机制，才能实现资源型地区的可持续发展和生态环境的良性循环。

参考文献

［1］姚君，任中贵."十四五"时期资源型城市转型绩效考评体系构建研究［J］.理论探讨，2022（04）：174-178.

［2］穆光宗，侯梦舜，郭超，等.论人口规模巨大的中国式现代化：机遇、优势、风险与挑战［J］.中国农业大学学报（社会科学版），2023，40（01）：5-22.

［3］夏杰长.中国式现代化视域下实体经济的高质量发展［J］.改革，2022（10）：1-11.

［4］吴康，张文忠，等.中国资源型城市的高质量发展：困境与突破［J］.2023，38（1）：1-21.

［5］张文忠，余建辉，王岱，谌丽，等.中国资源型城市可持续发展研究［M］.北京：科学出版社，2014.6.

［6］董强.牢牢守住发展和生态两条底线［N］.贵州民族报，2018-12-07（A01）.

［7］韩春香."美丽中国"视阈下生态文明建设的理论与路径新探［M］.北京：中国水利水电出版社，2017.

［8］王鲁娜.生态文明建设——国内实践与国际借鉴［M］.保定：河北大学出版社，2016.

［9］山西省人民政府.山西省"十三五"环境保护规划［Z］.2016.

［10］于舟，万立明.人与自然和谐共生的中国式现代化——基于马克思物质变换思想的分析［J］.经济问题，2023（11）：1-7.

［11］左其亭，张乐开，张羽，等.人与自然和谐共生理论与实践［J］.华北水利水电大学学报（自然科学版），2023，44（6）：1-7.

［12］王青，李萌萌.人与自然和谐共生现代化的战略演进［J］.江西师范大学学报（哲学社会科学版），2022，55（01）：9-18.

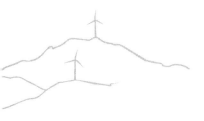

［13］中共中央宣传部、中华人民共和国生态环境部.习近平生态文明思想学习纲要［M］.北京：学习出版社、人民出版社，2022年.

［14］邬晓燕，张悦冉.人与自然生命共同体的生成逻辑、理论特质与实践进路［J］.城市与环境研究，2022（04）：18-29.

［15］中共中央文献研究室，编.习近平关于社会主义生态文明建设论述摘编［M］.北京：中央文献出版社，2017.

［16］周宏春，江晓军.习近平生态文明思想的主要来源、组成部分与实践指引［J］.中国人口·资源与环境，2019，29（1）：1-10.

［17］王家庭，王浩然.中国式区域现代化水平的多维测度：理论逻辑、时空演变与提升路径［J］.西安交通大学学报（社会科学版），2023（11）：1-18.

［18］曾嵘，王立胜.中国式现代化是人与自然和谐共生的现代化［J］.广西大学学报（哲学社会科学版），2023，45（03）：17-27.

［19］李玲娥，李慧涛，胡壮程，石磊，许琴琴.资源型地区区域协调发展与共同富裕的实现［J］.经济理论与政策研究，2022（00）：68-92.

［20］李甜甜.资源型地区生态文明制度体系建设的理念与原则［J］.中共山西省委党校学报，2023，46（05）：62-66.

［21］何彦霏.资源型地区推进实现共同富裕的时代价值和现实路径［J］.经济问题，2023（09）：106-113.

资源型地区构建高水平开放合作新格局

党的二十大报告指出，和平发展、合作共赢的世界大潮流不可逆转，要推动构建人类命运共同体，推进高水平对外开放（宋敏，任保平，2023）。当前，资源型地区的经济外向型程度总体较低，面临开放基础薄弱、对外开放存在交通梗阻且产业支撑力不足等诸多问题，亟须加强与其他地区的合作。资源型地区应充分利用自身的资源优势，通过开放合作汇资源、拓空间，强化合作开放的广度、深度和力度，不断激发发展的外部活力和内生潜力，构建高水平开放合作新格局。

一、资源型地区对外开放面临的新形势

随着中国经济的快速发展和全球化进程的加速，资源型地区对外开放面临着新的形势。资源型地区要适应新形势，必须迎接高质量发展带来的高水平开放新要求，抓住"一带一路"建设的新机遇，积极参与城市群、都市圈的建设与发展，建设区域性中心城市，不断提高对外开放的条件和基础设施水平。

（一）高质量发展对高水平开放提出新要求

党的二十大报告中提出要推进高水平对外开放，依托我国超大规模市场优势，通过国内大循环吸引全球资源要素，增强国内外市场和资源的联动效应，提高贸易投资合作质量和水平。《推进资源型地区高质量发展"十四五"实施方案》明确要加快资源型地区开放发展，积极参与国际资源能源和产业合作，提高资源型地区对外开放水平。高质量发展是当前中国经济发展的主题，资源型地区要适应这一趋势，必须以高水平开放为突

破口，加强与国内外市场的联系和合作，实现资源配置的优化和高效。同时，还要加快产业升级和提升创新能力，提高自身核心竞争力，使资源型地区从被动参与国际竞争转变为主动参与、引领国际竞争；立足国内需求，鼓励资源型地区积极参与协同推进国际国内资源能源市场融合发展，培育跨境资源能源贸易产业；鼓励企业以市场为导向开展资源能源国际合作，建设境外资源能源开发基地。

（二）"一带一路"建设带来开放新机遇

党的二十大报告中提出推动共建"一带一路"高质量发展，优化区域开放布局，巩固东部沿海地区的开放先导地位，提高中西部和东北地区开放水平，加快西部陆海新通道建设。资源型地区要积极参与"一带一路"高质量建设，带动矿山机械、化工设备、环保设备和特色农产品等走向国际市场。这不仅有利于资源型地区实现经济多元化发展，还能够提高当地产业的国际竞争力。通过参与"一带一路"倡议，资源型地区可以加强与沿线国家的合作，促进技术和创新跨境流动，有效转化和升级资源优势。同时，积极参与"一带一路"倡议还可以促进资源型地区的区域经济合作与交流，推动共同繁荣和可持续发展。

（三）城市群、都市圈、区域性中心城市建设带来开放新发展

随着中国经济发展进入新阶段，城市群、都市圈、区域性中心城市作为区域发展的重要载体，其作用会越来越大。城市群的形成和发展将促进资源的优化配置和产业的集聚，提升整体经济竞争力。都市圈的建设将加强城市之间的互联互通，推动资源要素的共享和流动。区域性中心城市的建设能够引领周边地区的发展，实现城乡协调发展。资源型地区要充分利用区位优势和资源禀赋，积极参与城市群、都市圈的建设和发展。有条件的资源型地区要努力建设成为区域性中心城市，主导和引领周边地区的经

济增长和对外开放。通过与其他城市的互联互通和互补发展，资源型地区可以实现经济规模效应和资源的共享，提高对外开放的水平和竞争力。

（四）资源型地区对外开放的条件和基础设施水平不断提高

在不断推进对外开放的过程中，资源型地区对外开放条件和基础设施建设水平不断提高，为外商投资和贸易提供了更好的环境和便利。首先，资源型地区进一步优化营商环境，深化"放管服"改革，营造良好市场环境，降低进出口环节制度性交易成本。其次，还要加强法规制度建设，改善投资环境和加强产权保护，吸引更多的外商投资和技术引进，促进国内外资本和要素的自由流动，提高对外开放的便利化程度。再次，资源型地区加大基础设施建设的投入，优化交通、能源的布局，提升物流效率和资源配置的灵活性，为外贸活动提供高效便捷的条件。最后，资源型地区也加强了与周边地区和国际市场的联系，建立了更加完善的贸易合作机制和通关便利化措施，促进了跨境贸易的便利化和繁荣发展。

二、资源型地区对外开放存在的问题

近年来，中国资源型地区的对外开放虽取得了一定的成果，但仍然面临诸多问题，如经济外向型程度较低、对外开放平台相对不足、对外开放存在交通梗阻以及对外开放产业支撑乏力等。

（一）经济外向型程度较低

资源型地区的经济外向型程度较低。由于资源型经济的特殊性，这些地区往往过度依赖资源开发，导致经济外向型程度偏低，对外经济总体规模较小，对外贸易依存度较低，对经济发展的影响作用有限，对外贸易长

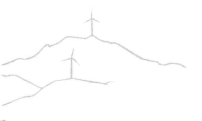

期处于较低水平，对外经济联系松散。资源型企业往往只专注资源的开采和加工，对外贸易的比重很低，缺乏多元化经营的能力，难以适应国际市场的需求变化。

（二）对外开放平台相对不足

资源型地区的对外开放平台相对不足。资源型地区存在着基础设施建设滞后、信息化水平低下等问题，这导致了对外开放平台不完善。缺乏具有国际竞争力和辐射力的自贸区、经济特区等对外开放平台，难以吸引国际投资和人才，缺乏优质服务和政策支持，大大阻碍了资源型地区与外界的贸易往来。缺乏对外开放平台也削弱了资源型地区与国际市场之间的联系，难以有效地利用全球资源和市场。此外，缺乏先进的通信技术和信息技术支撑，导致资源型地区在国际经贸中信息获取不畅，难以及时调整市场策略。

（三）对外开放存在交通梗阻

资源型地区对外开放存在交通梗阻。受地理条件限制和基础设施不足影响，资源型地区的交通运输通常不发达，公路标准低，路网密度小，高速铁路发展滞后，对外联通不畅。对外开放依赖畅通的交通网络，交通梗阻导致资源型地区的货物运输成本较高，货运效率不高，这对于外部投资者而言是一个不利因素。此外，交通瓶颈还会导致资源型地区的产业布局不合理，无法有效地利用资源。

（四）对外开放产业支撑乏力

资源型地区的对外开放产业支撑乏力。长期依赖资源的经济模式导致这些地区的产业结构相对单一，缺乏高附加值和技术密集型产业。这不仅导致资源型地区对外开放缺乏核心竞争力，也限制了其在全球价值链中的地位。在全球经济一体化的背景下，资源型经济的竞争力相对较弱，难以与国际市场接轨。同时，由于资源型产业对环境影响较大，可持续发展压力较大，这也限制了资源型地区在对外开放中的发展。

三、资源型地区高水平开放合作的发展重点

随着经济全球化的深入发展，资源型地区在对外开放合作中扮演着越来越重要的角色。然而，资源型地区在对外开放过程中面临一系列问题。为了提高资源型地区的对外开放水平，需要培育对外贸易的新增长点，提高进出口贸易的规模和质量。协调"引进来"与"走出去"的双向互动，积极参与"一带一路"建设，发挥对外开放平台的引领作用，深化区域合作，以及积极融入区域重大战略，构筑资源型地区全面开放的新格局。

（一）培育对外贸易新增长点，提高进出口贸易规模和质量

资源型地区的经济发展往往依赖于资源的开发和出口。在当前全球贸易环境下，提高资源型地区的对外贸易规模和质量，必须积极培育新的增长点，提升一般贸易的附加值，发展加工贸易，扩大国际服务贸易规模。

一是提升一般贸易的附加值。一方面，利用资源型地区能源资源优势，积极推进传统能源资源密集型产品贸易结构升级，延伸产业链条，拓展产品的领域和种类，提高传统贸易产业的技术水平、加工深度和附加价值，以获取更高的贸易利益。另一方面，加快发展市场空间更大、产业关联度高的现代制造业和战略性新兴产业产品贸易，努力提升高附加值产品和高新技术产品的比重，积极发展现代服务贸易，提高产业竞争力。

二是积极发展加工贸易。积极发展加工贸易，充分利用资源型地区能源资源优势，结合东部地区产业转移需求和发达国家（地区）的资本、技

术等优势，推动加工贸易与本地产业关联和融合发展，不断提高技术含量和附加值，不断融入全球产业分工。

三是扩大国际服务贸易规模。积极培育和支持有条件的研发设计、信息服务、中介服务等企业开拓海外市场，进一步发展壮大现代物流、文化旅游、大数据信息服务、跨境电商等服务贸易。特别是在跨境电商领域，随着互联网和物流技术的不断进步，越来越多的企业开始涉足跨境电商，通过网络平台销售商品和服务。这不仅能够提高服务贸易的比重，还有助于优化外贸出口的结构。

（二）协调"引进来"与"走出去"双向互动，提升双向投资体量和效益

资源型地区需要协调"引进来"与"走出去"的双向互动，提升双向投资的规模和效益。资源型地区应该加强与发达国家的合作，引进先进技术和管理经验，提升产品质量和竞争力。同时，资源型地区也要积极推动企业"走出去"，寻找更广阔的市场和投资机会。通过双向投资的互动，资源型地区可以进一步提升产业链的竞争力。

一是以"引进来"为先导，提高利用外资的效益。完善外商投资促进服务体系，建立外商投资管理"一站式"服务平台。明确发展定位和产业特色，提高招商精准度。根据国家统一部署，探索对外商投资实行准入前国民待遇加负面清单的管理模式。深耕传统市场，大力引进跨国公司，扩大服务贸易开放，拓展外商投资领域，鼓励外商向生态、交通、能源等基础设施建设和资源开发，以及教育、医疗等公共服务领域投资，加强与国外企业在高端制造、节能环保、电子、医药等高新技术产业合作，利用外资技术溢出效应带动产业转型升级。通过与外资企业的合作，提高自身的技术水平和管理能力，推动企业的创新和发展。此外，要加强对外资的引导和调控，避免资源过度外流和消耗。政府可以制定相应的政策，

引导外资投向资源开发和环境友好型产业，实现资源利用的可持续性。

二是以"走出去"为抓手，加大对外投资力度。在资源型地区发展的过程中，需要主动"走出去"，扩大对外投资，推动企业的国际化发展，提升地区经济的影响力和竞争力。资源型地区可以通过对外投资来寻找新的市场和资源，扩大企业的经营范围和产业链。通过对外投资可以获得新技术、新产品和新市场机会，推动企业的创新和发展。对外投资也可以带动当地经济的发展，增加就业机会，优化经济结构，实现资源型地区经济的转型升级。要加大对外投资的力度，首先需要增强企业的国际化能力。资源型地区应鼓励企业加强技术研发和创新能力，提升产品质量和竞争力。其次，企业还应加强管理和运营能力，提升对外投资风险管理能力。再次，企业要积极拓展国际市场和资源渠道，寻找适合自身发展的投资机会。资源型地区可以通过与当地企业合作、参与国际贸易展览和加强国际合作等方式来拓展国际市场。最后，要加强与当地政府的合作与沟通，充分利用政府的政策和资源支持，降低对外投资的成本和风险。

（三）积极参与"一带一路"建设，加强与沿线国家的交流合作

资源型地区应积极参与"一带一路"建设，加强与沿线国家的交流合作。作为经济大国，中国在"一带一路"建设中发挥着重要的引领作用。资源型地区可以借助"一带一路"的平台，拓展多元化贸易伙伴关系，推动区域间的经济合作。通过加强交流合作，资源型地区可以在共同发展中实现互利共赢。

一是资源型地区通过与沿线国家的交流合作，借鉴其他国家和地区的经验，加快技术和管理水平的提高。例如，中国的新疆地区是国内重要的石油和天然气产区，通过与哈萨克斯坦等资源类似的国家进行合作，可以共同开发利用资源，完善相关产业链。此外，与沿线国家进行技术交流合作，可以引进先进的装备和技术，提高资源的开采和加工效率，降低生产

成本，提升资源型地区的竞争力。

二是资源型地区可以通过与沿线国家的合作，实现资源的优势互补，推动贸易的多元化。传统上，资源型地区主要依靠大量的原材料出口来实现经济增长，这种模式存在着单一依赖和不稳定性的问题。通过与沿线国家的合作，可以积极拓展资源的出口市场，寻求新的贸易伙伴。同时，资源型地区可以加大对沿线国家的进口，引进更多的技术和产品，推动自身经济结构转型升级，提高附加值和竞争力。

（四）做大做强对外开放平台，发挥对外开放引领带动作用

资源型地区需做大做强对外开放平台，发挥对外开放的引领带动作用，这是当前发展的必然要求。通过提升园区对外通达能力、发挥综合保税区的开放引领作用、完善营商环境和口岸服务、建设特色中外合作园区等举措，吸引更多外资和国际企业的入驻，推动资源型地区实现经济转型升级。资源型地区应在对外开放中抓住机遇，积极融入全球经济体系，提升自身竞争力。

一是提升园区对外通达能力。便利的通达能力是对外开放的关键，因此改善园区的对外交通条件非常重要，可以通过加大对陆路、海运和空运等交通基础设施的投资，提高交通网络的覆盖率和运输效率。同时，加强与周边地区以及国际社会的交通合作，建立起便捷的物流通道和运输体系，使得资源型地区在全球物流网络中占据有利位置。

二是提升综合保税区的开放引领作用。综合保税区是资源型地区对外开放的重要平台，可以通过提供免税、税收优惠等政策吸引更多外资和国际企业进驻。同时，建立起与国际先进水平接轨的海关监管体系，提高办事效率，降低企业成本。通过综合保税区的开放，可以吸引更多产业链上下游的企业入驻，形成良性循环。

三是完善营商环境和口岸服务。资源型地区要提升对外开放的效果，

必须改善营商环境，降低投资门槛，增强政府服务，提供综合解决方案。同时，要加强口岸服务，提高通关速度和效率，降低物流成本。只有这样，才能吸引更多外资和国际企业的入驻，增强资源型地区的竞争力。

四是建设特色中外合作园区。资源型地区要发挥对外开放的引领作用，需要建设特色鲜明的中外合作园区，选择优质项目和企业引入，发展石油化工、新能源、装备制造等高附加值产业。同时，要积极引进国际先进技术和管理经验，提高自主创新能力和核心竞争力。通过建设特色合作园区，可以给资源型地区带来更多的外资和创新创业机会，实现高质量的对外开放。

（五）深化区域合作，形成对外开放区域集聚效应

在当前全球化的背景下，资源型地区要发展壮大，必须深化区域合作，形成对外开放的区域集聚效应。为此，需要强化区域对接合作，加强交流与沟通，并建立完善的合作机制。还需要深化区域产业协作，加强产业链的整合，推动技术创新和人才培养，加强资金和市场的对接。只有这样，资源型地区才能在全球化的潮流中立足于世界舞台，实现可持续发展。

一是强化区域对接合作。首先，要加强交流与沟通。资源型地区拥有丰富的自然资源，吸引了大量的外资和投资者。然而，随着世界经济的快速发展和国际竞争的激烈，资源型地区也面临着外部市场需求变化和内部改革的压力。因此，资源型地区需要与其他区域进行对接，借鉴其他地区的经验和前沿技术，提高自身的竞争力和可持续发展能力。在此方面，加强交流与沟通显得尤为重要。通过举办经济论坛、交流会议等活动，可以促进资源型地区与其他地区之间的人员互访和经验交流，增进彼此的了解和信任，并为双方合作提供更多的机会和平台。其次，要建立完善的合作机制。强化区域对接合作需要一个明确的合作机制，确保双方的合作能够有序进行并取得成果。这就要求建立相关的合作机构和平台，通过制定

合作协议和共同发展规划，明确各方的责任和义务，加强合作的监督和管理，确保合作项目的顺利推进。最后，政府还要加强引导和推动，提供政策和法律支持，为合作提供必要的保障和支持。

二是深化区域产业协作。产业协作是指不同地区的企业或产业之间进行合作，通过资源共享、产能互补等方式实现优势互补和共同发展。在资源型地区，不同地区的产业之间存在着一定的差异，有的地区擅长矿产开采，有的地区擅长资源加工，有的地区擅长环保技术等。通过深化区域产业协作，可以实现资源的最优配置和产业的协同发展，提高整个地区的经济效益和竞争力。要深化区域产业协作，首先，需要加强产业链的整合。通过产业链的整合，资源型地区可以形成完整的产业链条，实现上下游的良好衔接和协同发展。同时，还可以提高整个产业链的效率和竞争力，增强地区的综合实力和核心竞争力。其次，还需要加强技术创新和人才培养。资源型地区要实现可持续发展，必须加强技术创新，提高自身的科技含量和附加值。因此，要加强科技创新合作，引进和培养一批高素质的科研人才和技术人才，推动技术创新和产业升级。最后，还要加强资金和市场的对接。资源型地区需要大量的资金和市场来支持产业的发展和壮大。因此，要通过加强与金融机构和市场的合作，为产业发展提供必要的资金和市场支持。

（六）积极融入区域重大战略，建设产业转移承接地

随着全球产业链的重组调整，资源型地区面临着众多机遇。资源型地区应积极融入区域重大战略，建设产业转移承接地。通过吸纳产业转移，资源型地区可以实现产业升级和经济转型，为经济的可持续发展注入新的活力。通过融入区域重大战略，资源型地区可以更好地利用外部资源市场，推动经济的可持续发展。

一是吸纳产业转移，实现产业升级和经济转型。产业转移是将原先集中在发达地区的产业转移到相对落后的地区，实现资源的合理配置和产业结构的优化。资源型地区具备得天独厚的优势，如丰富的自然资源、低成本的劳动力、良好的区位优势等，成为吸引外部资源和产业转移的理想地区。通过吸纳产业转移，资源型地区可以引进先进的生产技术、管理经验和市场网络，推动产业结构的升级和优化。同时，产业转移还可以带动就业增长、提高人民生活水平和地区综合竞争力，为资源型地区的经济发展注入新的活力。

二是积极融入区域重大战略，更好地利用外部资源市场，推动经济的可持续发展。区域重大战略是政府制定的具有长远指导性和综合性的重大战略，旨在推动区域经济的协调发展和资源集约利用。资源型地区融入区域重大战略，可以实现资源的更优配置和优势互补。例如，资源型地区可以与周边地区形成产业链、供应链和价值链的合作，实现资源、市场和技术的互补，提升整个区域的经济竞争力。此外，资源型地区还可以通过区域合作，共同制定规划和政策，推动产业的协调发展和转型升级。通过融入区域重大战略，资源型地区可以更好地利用外部资源市场，实现经济的可持续发展。

四、资源型地区构建高水平开放合作新格局的策略

在全球化的背景下，构建高水平开放合作新格局是资源型地区发展的关键路径。为此，资源型地区应加强政策保障，提高对外开放能力。加强基础设施互联互通，畅通对外开放大通道。加强国际资源能源合作，拓宽市场拓展渠道。加强对外交流和品牌建设，扩大对外开放影响力。只有不断创新和改革，资源型地区的发展才能开辟新的道路，构建高水平开放合作新格局。

（一）加强政策保障，提高对外开放能力

加强政策保障，提高对外开放能力是构建高水平开放合作新格局的基础。资源型地区应加强对外开放的政策制定和执行，提高政策的透明度和稳定性，为外商创造更好的投资环境。通过出台支持外贸企业发展的政策和推进对外经贸公共信息服务平台建设，可以有效地促进资源型地区对外贸易的发展，提升国际竞争力，实现经济转型升级。政府和企业应共同努力，加强合作，共同推动资源型地区的对外开放进程。

一是出台支持外贸企业发展的政策。外贸企业作为资源型地区的主要经济支柱，其发展状况直接影响着地区经济的发展。因此，为了促进外贸企业的稳定增长，政府应该出台相关政策，提供支持和保障。政府可以通过减税降费，降低外贸企业的负担。由于资源型地区的外贸企业往往面临着高昂的生产成本和运营成本，减税降费可以有效地提升企业的竞争力，促进其在国际市场上的发展。政府还可以出台财政补贴政策，为外贸企业提供必要的资金支持，降低其资金压力，鼓励企业扩大生产和出口规模。政府还可以加强对外贸易的监管力度，打击非法贸易，保护外贸企业的合法权益。资源型地区的外贸企业往往容易受到假冒伪劣产品、侵权行为的影响，造成严重损失。因此，政府应该建立和完善监管机制，加大打击涉及外贸企业的违法行为的力度，为企业创造一个公平竞争的市场环境。

二是推进对外经贸公共信息服务平台建设。随着信息技术的快速发展，互联网已经成为人们获取信息的主要途径。因此，政府应该加强对外经贸公共信息服务平台建设，提供全方位、及时有效的信息服务，帮助外贸企业了解国际市场动态、掌握市场需求，提高产品的竞争力和市场开拓能力。首先，政府可以建立集成对外经贸信息平台，整合各类信息资源，为外贸企业提供全面的市场情报、贸易政策、法规等信息。通过这样的平台，企业可以及时获取最新的市场动态和政策变化，为决策提供参考依据。其次，政府可以通过建设电子商务平台，促进资源型地区的产品与国际市场的对接。电子商务平台可以为企业提供一个全球化的销售渠道，帮助企业扩大出口规模，更好地推动对外贸易的发展。最后，政府还可以通过电子商务平台提供国际市场的市场需求信息，帮助企业调整产品结构，提升产品质量，提高产品的市场竞争力。

（二）加强基础设施互联互通，畅通对外开放大通道

在当前全球经济一体化的背景下，资源型地区在全球贸易中扮演着举足轻重的角色。然而，受资源型地区的发展历程以及地理环境的限制，在基础设施互联互通方面仍存在一定的短板。为了进一步提升资源型地区的竞争力和拓展对外开放程度，资源型地区应加强基础设施互联互通，畅通对外开放大通道。这不仅是促进资源型地区经济发展和对外开放的需要，也是适应全球经济一体化的必然选择。通过优化完善综合交通运输网络，推动数字信息大通道建设，可以为资源型地区打造更加便利、高效的发展环境，提升竞争力和影响力，实现可持续发展的目标。

一是优化完善综合交通运输网络。高效的交通运输网络是资源型地区发展的重要支撑。在建设综合交通运输网络时，应注重多式联运，打破传统的交通运输壁垒。一方面，可以通过优化铁路、公路和水运等传统交通方式，提高运输效率和降低运输成本。另一方面，应大力发展空运和海运，加大对航空和港口的投资建设，提高资源型地区与国内外地区的联系能力。此外，还应注重科技与交通的结合，通过引入先进的信息技术，可以提高交通运输的信息化程度，实现交通资源的智能调配。

二是统筹推动数字信息大通道建设。随着信息技术的快速发展，数字经济已成为推动全球经济增长的重要引擎。资源型地区应抓住数字经济发展的机遇，积极推进物联网、智慧城市等信息平台的建设，进一步强化对电子商务和电子政务的平台监管。加强物流等各种共用信息平台的建设，

优化资源型地区与外界信息、技术交流的平台条件，提高配置信息、技术等高端要素的能力。要加大对新基建的投资力度，扩大规模并强化应用，提高新基建的应用场景使用效率（曾祥明，2023）。依托现有基础设施和网络优势，加快数字化交通、物流和供应链网络建设，提升信息传输效率，推动数字信息大通道的畅通。利用大数据发展优势，带动跨境商贸交易平台、物流平台的部署，实现数据信息通路、互联网业务和国际通信业务领域的信息联通，为对外开放创造条件。

（三）加强国际资源能源合作，拓宽市场拓展渠道

随着全球经济不断发展，国际社会对资源和能源的需求也日益增长。作为拥有丰富资源和能源的地区，资源型地区在国际资源能源合作中发挥着重要的作用。资源型地区应积极参与国际资源能源合作，拓宽市场渠道。通过与其他国家和地区的合作，实现资源优势互补，促进资源的有效配置和利用。资源能源合作还可以带动全方位经贸合作，促进本地区的经济发展。资源型地区应积极主动地参与国际资源能源合作，注重合作的务实性和可持续性。只有这样，资源型地区才能够实现可持续发展，将资源优势转化为经济优势。

一是积极参与国际资源能源合作。主动适应国际市场，立足国内需求，积极参与国际国内资源能源市场融合，培育跨境资源能源贸易产业，促进跨境产业链融合，探索区域一体化合作新模式。通过与其他国家开展资源能源国际合作，企业可以更好地利用全球资源，实现资源能源的多元化供应和优化配置。鼓励企业以市场为导向开展资源能源国际合作，建设境外资源能源开发基地，巩固和拓展能源矿产开发、石油勘探等领域大型项目合作。建设境外资源能源开发基地可以帮助企业在国际市场上取得竞争优势，同时也有利于提高企业的技术水平和创新能力。通过市场导向的合作，企业可以实现资源能源的互利共赢，推动全球能源领域的可持续

发展。

二是以资源能源合作带动全方位经贸合作。以资源能源合作为抓手，积极参与高质量共建"一带一路"，带动矿山机械、化工设备、环保设备和特色农产品等进入国际市场，这不仅有助于提升我国产品的国际竞争力，也能够为资源型地区的企业提供更多的发展机遇。同时，资源能源合作也能够带动资源型地区研发设计、信息服务和中介服务等企业开拓海外市场。这种国际合作交流不仅可以加强企业之间的合作，还可以促进技术的创新和经验的分享，提高我国企业在全球市场上的竞争力。推动资源型地区企业和研究机构间的国际合作交流，通过与国外研究机构的合作，可以共同研发和探索新的资源能源技术，提高资源的利用效率和环境保护水平。这种国际合作不仅可以促进科技创新，还可以培养更多的专业人才，为资源型地区的经济发展注入新的动力。在更广范围、更多领域、更高层次上参与国内外分工、经济技术合作与竞争，这将为我国资源型地区的经济发展带来更加长远的影响。

（四）加强对外交流和品牌建设，扩大对外开放影响力

加强对外交流和品牌建设，扩大对外开放影响力，是构建高水平开放合作新格局的重要手段。资源型地区应积极开展对外交流，加强与其他地区在经济、文化等方面的交流与合作，促进经验的共享和互鉴。同时，还应注重品牌建设，提高自身的知名度和美誉度，吸引更多的外商投资和合作伙伴。通过加强对外交流和品牌建设，可以扩大资源型地区对外开放影响力，提高与其他地区的合作水平和质量。

一是注重与其他地区的经济交流与合作。通过与其他地区的紧密合作，资源型地区可以充分利用自身的资源优势，与其他地区实现互利共赢。例如，资源型地区可以通过与技术先进地区合作，引进先进技术，提高生产效率和质量，实现产业升级。资源型地区还可以通过与消费能力

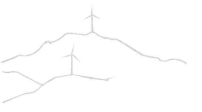

强的地区合作，开拓更大的市场，提升产品竞争力。通过经济交流与合作，资源型地区可以取长补短，实现资源共享，促进经济快速发展。

二是注重与其他地区的文化交流与合作。文化是每个地区的独特标志。通过文化交流与合作，资源型地区可以加深与其他地区的了解和认同，拓宽国际视野，提升综合实力。资源型地区可以传播本地优秀文化，提升知名度和美誉度，吸引更多的人才和资源。同时，文化交流与合作还可以促进保护和发展文化多样性，实现文化的传承和创新，推动文化产业的繁荣。

三是注重品牌建设，提高自身的知名度和美誉度。品牌是一个地区的形象代表。通过品牌建设，资源型地区可以在国际上树立良好的形象，吸引更多的外商投资和合作伙伴。品牌建设不仅涉及产品和服务的质量，更要关注对外传播和营销。资源型地区可以通过加强宣传推广，打造独特的形象和故事，提升品牌的竞争力和影响力。资源型地区还应加强品牌管理和维护，确保品牌形象的一致性和稳定性，提升品牌的持续价值。

四是积极参与国际交流活动。积极组织企业参加国际经贸交流活动，开展项目推介和对接。充分发掘社团、行业协会等民间力量的作用，加强与沿线国家的民间交流往来，构建多层次沟通协商机制。通过积极组织企业参加国际经贸交流活动，提升企业的国际竞争力，促进经济的发展。同时，项目推介和对接可以帮助企业在沿线国家寻找更多的商机和合作伙伴。充分发掘社团、行业协会等民间力量的作用，通过举办各种交流活动，促进人员的往来和相互了解，增进友谊与合作。与沿线国家的民间交流往来不仅有助于增进双方的文化交流，还可以促进民间经济合作，实现互利共赢。为了更好地加强沟通与合作，可以构建多层次沟通协商机制，通过政府间、企业间和民间的多方参与，推动各领域的合作共赢。

参考文献

［1］宋敏，任保平.新时代流域经济高质量发展：战略定位、内在诉求与实践路径［J］.经济体制改革，2023（02）：14-22.

［2］曾祥明.数字经济推进共同富裕的理论机理、现实困境与路径优化［J］.湖北大学学报（哲学社会科学版），2023，50（05）：11-20.

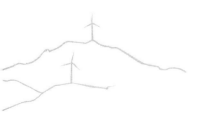

第九章

资源型地区实现现代化的体制创新与政策建议

习近平总书记在党的二十大报告中指出："从现在起，中国共产党的中心任务就是团结带领全国各族人民全面建成社会主义现代化强国、实现第二个百年奋斗目标，以中国式现代化全面推进中华民族伟大复兴。"作为基础能源和重要原材料供应地，资源型地区在为经济社会发展做出贡献的同时，也面临着资源消耗的日益加剧和经济增长的放缓等压力（赵建英，2021）。资源型地区现代化是中国式现代化的重要组成部分，推动资源型地区现代化，需要形成符合现代化要求的体制环境，制定对策时坚持问题导向。本章首先梳理新中国成立之后，特别是改革开放以来国家针对资源型地区发展的主要政策措施，在此基础上，提出促进资源型地区现代化的对策建议，为资源型地区实现现代化提供决策参考。

一、国家针对资源型地区的政策演变历程①

2000年以来，国家针对资源型地区发展面临的问题、困难以及发展愿景，根据这些地区的类型、资源状况、发展潜力和要素集聚程度等方面的差异，制定了一系列支持和鼓励资源型地区转型发展的政策。总体而言，这些政策是基于问题和目标导向，大体可以划分为五个阶段。

（一）初期开发和利用阶段（20世纪50年代—70年代）

在世界各国为实现工业化进行资本积累的过程中，依赖矿业发展起来

---

①张文忠，余建辉.中国资源型城市转型发展的政策演变与效果分析［J］.自然资源学报，2023，38（01）：22-38.

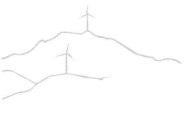

的资源型地区在各国经济中扮演着至关重要的角色。我国资源型地区的形成和发展大多源于国家计划经济体制。在20世纪50至60年代，受外部经济封锁和复杂多变的国际形势的影响，我国提出了优先发展重工业的战略。在重工业发展对能源、原材料的巨大需求下，各资源开发基地开始大规模建设，资源型地区成为国家直接投资控制和扶持的主要对象，一些规模较大的资源基地逐渐扩大而形成资源型地区（张文忠，等，2014）。在此阶段，中国政府致力于快速开发和利用资源型地区的自然资源，重点放在矿产资源的勘探、开采和加工上，以满足国家工业化和经济建设的需求。

（二）规范和调控（20世纪80年代—90年代）

随着我国对外开放，国家计划资金更多地投向沿海地区，经济体制的改革使沿海地区逐渐成为经济发展的主体单元。此时，非国有经济、外资和地方资本逐渐成为推动地区经济发展的主导力量。大部分资源型地区兴起于计划经济时期，遵循苏联"一厂一市"的建设模式，以"大企业、小政府""大国有、小民营"和"大工业、小市政"为特点。随着资源型地区开发的深入，资源过度开发、环境污染等问题出现。从20世纪80年代至今，资源日益枯竭，资源型地区的发展问题日益严重。"三危现象"（经济危机、资源危机、环境危机）以及"四矿问题"（矿山、矿业、矿产、矿工）备受政府和学界的关注。为了解决这些问题，中国政府颁布执行了一系列政策和法规，加强对资源型地区的规范和调控。

（三）纾困解难阶段（2000—2011年）

2001年8月，中共中央政治局常委、国务院副总理李岚清视察辽宁后，提出要在辽宁搞好资源枯竭型城市经济转型，并在阜新试点。2001年9月，李岚清副总理主持国务院会议，听取了阜新经济转型情况；2001年12月，李岚清和吴邦国共同主持召开国务院专题会议，研究阜新经济转型问题，确定阜新为全国资源枯竭型城市经济转型试点市。2003年10月，《中共中央 国务院关于实施东北地区等老工业基地振兴战略的若干意见》明确提出"积极推进资源型城市转型，促进可持续发展"。2005年，国家又扩大试点范围，选取了大庆、伊春、白山、辽源和盘锦5个资源类型和开采程度不同的城市进行转型试点。基于试点城市的转型经验，2007年12月，国务院出台《国务院关于促进资源型城市可持续发展的若干意见》，提出2010年前，资源枯竭城市存在的突出矛盾和问题得到基本解决，大多数资源型城市基本建立资源开发补偿机制和衰退产业援助机制，经济社会可持续发展能力显著增强。2015年前，在全国范围内普遍建立健全资源开发补偿机制和衰退产业援助机制，使资源型城市经济社会步入可持续发展轨道。这是新中国成立以来首个专门针对资源型城市可持续发展问题出台的综合性政策文件。2008年，国务院进行机构改革，将国务院原振兴东北地区等老工业基地领导小组办公室的职责划入国家发展和改革委员会，成立了东北振兴司，并设立了资源型城市发展处，专门推动全国的资源型城市可持续发展工作。这在国家机关机构设置中是首次，体现了国家对此项工作的重视。2008年，国家发展和改革委员会确定了第一批12个资源枯竭型城市，包括10个地级行政区，给予这些城市一定的财力性转移支付，并在国家发展和改革委员会设立了资源型城市吸纳就业、资源综合利用和发展接续替代产业专项，在国家开发银行设立了资源型城市可持续发展专项贷款。2009年，国家发展和改革委员会确定了第二批32个资源枯竭型城市，包括8个地级行政区。2009年7月23日，国家发展和改革委员会在吉林省辽源市召开全国资源型城市可持续发展工作会议，国家发展和改革委东北振兴司司长文振富发表题为《深入实践科学发展观 大力推进资源型城市可持续发展》的工作报告，这是第一次全国层面上的资源型城市会议。2011年，国家发展和改革委员会确定了第三批25个资源枯竭型城市，包括7个地级行政区。

此外，国家"十五"计划纲要、"十一五"规划纲要、党的十七大报告《中共中央 国务院关于实施东北地区等老工业基地振兴战略的若干意见》（中发〔2003〕11号）、《国务院2008年工作要点》《国务院关于进一步实施东北地区等老工业基地振兴战略的若干意见》（国发〔2009〕33号）、《国民经济和社会发展第十二个五年规划纲要》等文件中明确提出促进资源型城市转型的意见。

（四）分类引导阶段（2012—2020年）

该阶段施策重心以"转变"为主，施策方式逐步向"行政引导"过渡。基本理念是根据资源类型、开采潜力、城市自我维持能力、动能转化方式和发展愿景等差异，细化施策对象，通过构建分类引导的政策体系，全面协调区域内各要素以及区域间互动关系，系统性改善各类资源型城市的可持续发展趋势，旨在跨越或避免即将出现的"拐点"，使各类城市向着实现可持续发展的终极目标"同向"发展。资源枯竭城市转型试点工作可以解决现实问题和困难，从长远而言，必须提前构建长效发展机制。在资源富集城市的矿产资源尚未枯竭前建立可持续发展目标和路径，才能引导不同发展阶段和类别的城市实现可持续发展。为此，2013年国务院印发了《全国资源型城市可持续发展规划（2013—2020年）》（国发〔2013〕45号），界定了262座资源型城市，这是中国第一次针对资源型城市制定出台全国性、专门性的规划文件，提出分类引导、差异化的资源型城市转型发展模式，标志着政策重心由关注资源枯竭城市的发展问题开始转向关注不同类别城市的发展导向问题。

2016年12月，为加快推进煤炭领域供给侧结构性改革，推动煤炭工业转型发展，建设集约、安全、高效、绿色的现代煤炭工业体系，依据《中华人民共和国国民经济和社会发展第十三个五年规划纲要》和《能源发展"十三五"规划》，制定了《煤炭工业发展"十三五"规划》。

（五）高质量发展阶段（2021年至今）

与前两个阶段以"避短"为主要目标的政策不同，本阶段的施策重心以"扬长"为主，施策方式向"综合治理"转变。基本理念是通过组合型政策措施，最大限度发挥各资源型城市自身的比较优势，实现经济效益、社会效益和生态效益的综合效益最大化，最终实现各区域效益等值[5]，实现高质量的区域发展新均衡。2021年，国家"十四五"规划中明确提出推动资源型地区可持续发展示范区和转型创新试验区建设，实施采煤沉陷区综合治理和独立工矿区改造提升工程。其中，可持续发展示范区主要针对资源枯竭城市，转型创新试验区主要针对资源富集城市。

2021年11月30日，国家发展和改革委员会、科技部等五部门发布《"十四五"支持老工业城市和资源型城市产业转型升级示范区高质量发展实施方案》，凸显了新发展阶段国家对资源型城市转型的高度重视，对促进资源型城市高质量发展、形成绿色生产生活方式以及生态环境根本好转等具有重大指导意义。

2021年11月，国家发展和改革委员会、财政部、自然资源部印发了《推进资源型地区高质量发展"十四五"实施方案》，明确将引导资源富集地区转型发展提升至与资源枯竭城市转型发展同等的重要地位，开启了高质量发展的新格局。

总体上看，中国政府针对资源型城市转型发展实施了一系列全面、有针对性的政策，从可持续发展到产业升级，再到向高质量发展的转变，均基于问题和目标导向的原则，为资源型城市的可持续发展提供了政策支持和引领。

表9-1 2000年以来国家关于资源型地区发展的主要政策措施

时间	发起单位	出台文件或措施	备注
2001年12月	国务院	阜新被确定为资源枯竭型城市经济转型试点	第一个资源型城市转型试点
2003年10月	中共中央、国务院	《中共中央 国务院关于实施东北地区等老工业基地振兴战略的若干意见》（中发〔2003〕11号）	—
2005年	国务院	选取大庆、伊春、白山、辽源和盘锦5个城市进行转型试点	—
2007年12月	国务院	《国务院关于促进资源型城市可持续发展的若干意见》（国发〔2007〕38号）	第一次针对资源型城市出台的综合性政策文件
2008年	国务院	在国家发展和改革委员会内成立东北振兴司，设立资源型城市发展处	第一次在国家机关设立相关部门
2008年	国家发展和改革委员会	确定了第一批12个资源枯竭型城市，包括10个地级行政区	第一次针对资源型城市进行财政转移支付
2009年	国家发展和改革委员会	确定了第二批32个资源枯竭型城市，包括8个地级行政区	—
2009年7月	国家发展和改革委员会	在辽源召开资源型城市可持续发展工作会议，国家发展和改革委东北振兴司长文振富发表题为《深入实践科学发展观 大力推进资源型城市可持续发展》的工作报告	第一次关于资源型城市的国家会议
2009年	国务院	《国务院关于进一步实施东北地区等老工业基地振兴战略的若干意见》（国发〔2009〕33号）	很多老工业基地既是老工业基地，同时也是资源型城市
2010年12月	国家发展和改革委员会、国家林业局	《大小兴安岭林区生态保护与经济转型规划（2010—2020年）》（发改东北〔2010〕2950号）	—
2011年	国家发展和改革委员会	确定了第三批25个资源枯竭型城市，包括7个地级行政区	—
2012年3月	国家发展和改革委员会	《东北振兴"十二五"规划》（发改东北〔2012〕641号）	—
2012年3月	国家发展和改革委员会	《煤炭工业发展"十二五"规划》（发改能源〔2012〕640号）	—
2013年3月	国家发展和改革委员会	《全国老工业基地调整改造规划》（2013—2022年）（发改东北〔2013〕543号）	—

时间	发起单位	出台文件或措施	备注
2013年12月	国务院	《全国资源型城市可持续发展规划（2013—2020年）》（国发〔2013〕45号）	第一次关于资源型城市可持续发展的国家级专项规划
2016年11月	国家发展和改革委员会	《东北振兴"十三五"规》（发改振兴〔2016〕2397号）	—
		《关于支持老工业城市和资源型城市产业转型升级的实施意见》（发改振兴规〔2016〕1966号）	—
2016年12月	国家发展和改革委员会、国家能源局	《煤炭工业发展"十三五"规划》（发改能源〔2016〕2714号）	—
2021年5月	国家发展和改革委员会	《大小兴安岭林区生态保护与经济转型规划（2021—2035年）》（发改振兴〔2021〕1559号）	—
2021年11月	国家发展和改革委员会、财政部、自然资源部	《推进资源型地区高质量发展"十四五"实施方案》（发改振兴〔2021〕1559号）	—
2021年11月	国家发展和改革委员会	《"十四五"特殊类型地区振兴发展规划》（国函〔2021〕98号）	—
2021年11月	国家发展和改革委员会、科技部等五部门	《"十四五"支持老工业城市和资源型城市产业转型升级示范区高质量发展实施方案》（发改振兴〔2021〕1618号）	—

资料来源：参考张文忠，余建辉，王岱，谌丽，等.中国资源型城市可持续发展研究［M］.北京：科学出版社，2014.6.及国家发展和改革委员会网站资料。

二、资源型地区实现现代化的体制创新

随着全球经济的发展和资源需求的增加，资源型地区的发展和现代化已经成为重要议题。为了实现资源型地区的现代化，必须进行体制创新，适应新的经济环境和需求。改革管理体制、完善规划机制、健全长效机制和强化保障机制，是实现资源型地区现代化的重要举措。通过持续改革创新，推进资源型地区迈向现代化，实现可持续发展。

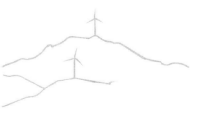

（一）改革管理体制

资源型地区现代化需要通过改革管理体制来提高决策效率和执行能力。传统的资源开发模式往往受行政部门的干预和决策制定迟缓的制约，导致资源浪费和环境破坏。因此，通过建立透明、高效、科学的决策机制，使决策能够迅速响应市场需求和环境变化，从而提高资源开发的效益。同时，资源型地区还应注重可持续发展，保护生态环境，提高人民群众的生活质量。

第一，建立透明、高效、科学的决策机制。加强信息公开和透明度，让公众能监督和参与决策过程。透明化决策机制能够确保决策者的决策行为符合公众期望，避免信息不透明的问题。高效决策机制能够确保决策迅速执行，提高决策的实效性。科学决策机制依靠数据和科学方法来支撑决策，避免人为因素的干扰。因此，资源型地区应该建立起透明、高效、科学的决策机制，确保决策的合理性和可执行性。

第二，提升决策能力的响应速度。资源型地区的经济特点要求决策的迅速响应能力，以抓住市场机会和应对突发事件。当市场需求和环境发生变化时，决策应及时调整，以确保资源开发的顺利进行。为了提升决策的响应速度，资源型地区可以通过建立协同工作机制来提高决策者之间的沟通和协作能力。同时，资源型地区还可以加强信息化建设，建立起高效的信息传递和共享平台，以缩短决策的时间成本，提高决策的效率。

第三，注重可持续发展。资源型地区的发展往往伴随着资源开采和环境污染，因此必须采取措施来保护生态环境和保障人民群众的生活质量。在决策过程中，要充分考虑环境保护和资源的长期利用。为了实现可持续发展，资源型地区可以通过加强环境保护意识和建设法规制度，推动清洁能源的开发利用，降低资源的消耗和环境的污染。同时，资源型地区还可以加大创新力度，推动经济结构的转型升级，降低对资源的依赖。

（二）完善规划机制

资源的开发和利用必须基于科学合理的规划和布局，提高资源的利用效率，降低对环境的影响。政府需强化规划职能，根据《推进资源型地区高质量发展"十四五"实施方案》，各地区应迅速制定更具针对性的《年度行动计划》，以发挥实施方案在资源型地区实现现代化中的引领作用，并按照"《意见》—《规划》—《实施方案》—《年度行动计划》"的模式，根据各资源型地区发展实际进一步细化落实主攻方向和具体任务。各地区、各部门要按照职责分工，尽快制定出台配套细则和政策实施，确保资源型各地区现代化的重点任务及时落地见效。同时，政府还需要加强与各地区的沟通协调，以确保实施方案取得良好效果。

第一，政府的规划职能主要体现在对资源型地区现代化发展的全面把控上。通过制定《年度行动计划》，政府能够更加准确地指导各地区在经济、环境、社会等各个方面的发展目标和措施。同时，政府还应根据各资源型地区的特点和发展需求，进一步细化具体任务，并制定相应的细则和政策，确保各地区能够按照实施方案积极推进现代化进程。

第二，政府要加强与各地区的沟通协调，确保实施方案能够得到各地区的积极响应和支持。政府可以通过召开会议、座谈等形式加强与各地区的沟通，听取各地区的意见和建议，进而调整和完善实施方案。政府还可以组织专家进行实地考察和研究，深入了解各资源型地区的发展现状和问题，进一步优化实施方案的内容和措施。通过这样的沟通协调，政府能够更好地为资源型地区现代化提供发展所需的支持和帮助。

第三，确保规划间的有效衔接。确保实施方案与地区国民经济和社会发展规划、资源型经济转型规划、乡村振兴规划、城乡规划、土地利用规划以及生态环境保护规划等有效衔接。在规划间的衔接中，需要充分考虑各项规划之间的关联性和互补性。这意味着要确保各项规划在目标和方

向上的一致性，避免出现冲突或重复，也要充分利用规划间的潜在协同效应，通过合作和整合提高整体规划的效果和实施成功率。为此，需要建立起规划管理机制和沟通协调机制，确保各项规划间的信息共享和协同决策顺畅，从而实现规划间的有效衔接。只有通过有效衔接，才能确保实施方案在与其他规划的相互作用中发挥最大效果。同时，还需要建立完善的协调机制，平衡各方利益，实现各项规划的有机衔接，共同促进地区的经济和社会发展。

（三）健全长效机制

资源型地区建立和完善长效机制对保障资源型地区的经济可持续发展至关重要。政府在政策制定和执行过程中需要充分考虑市场需求，不断优化和完善机制设计。这些机制需要有针对性地解决资源型地区的实际问题，确保经济可持续发展并且具有强大的适应能力，推动资源型地区向现代化方向转型。

第一，完善资源能源开发秩序约束机制。严格执行勘查开发准入和分区管理制度，协调推进资源能源开发与可持续发展。严格执行勘查开发准入制度。在资源能源开发的初期阶段，必须进行全面深入的勘查评估，确定资源储量和开发潜力，并制定相应的开发计划。通过严格的准入审查，筛选出具备可持续开发条件的项目，确保资源的有效利用。分区管理制度也是资源能源开发中不可或缺的一环。根据不同地区的资源禀赋和生态环境特点，制定科学合理的分区规划和管理措施，平衡经济发展和生态环境保护。此外，为了协调推进资源能源开发与可持续发展，还需要加强相关部门的协同合作。在资源勘查、开发过程中，不同的部门应该密切配合，形成工作合力。例如，环境保护部门可以提供环境评估和监测数据，为资源能源开发提供科学依据。规划部门可以制定详细的开发规划，并监督其执行情况。通过协同合作，可以有效避免资源能源开发与可持续发展之间的矛盾和冲突。

第二，健全资源型产品价格形成机制，使价格灵活反映市场供求关系、资源稀缺程度和环境损害成本。要加强市场监管，建立信息公开和透明机制，让市场参与者能够充分了解资源供需状况和环境影响，从而作出明智的价格决策。政府可以通过发布资源供需信息和环境损害成本评估报告等途径，提供全面准确的数据支持，让市场价格更具参考价值。同时，鼓励企业自愿公开相关信息，提高市场的透明度，促进价格形成机制的有效运行。此外，要加大环境保护投入和政策扶持力度。在价格形成中，应该充分考虑资源的环境损害成本，引导企业和个人采取环保措施，减少资源浪费和环境污染。政府可以通过提高环境税收和排污费，以及加大对环境保护产业的政策扶持，引导企业向资源节约型和环境友好型企业转型。

第三，落实接续替代产业扶持机制，充分发挥市场在资源配置中的决定性作用，调动社会力量，推动接续替代产业发展。随着经济的快速发展，一些传统产业在发展过程中逐渐暴露出环境污染和资源浪费等问题。因此，为了实现可持续发展，需要积极引导和支持接续替代产业的发展，通过市场的力量来赋予这些产业更多环境保护和资源利用动力。市场机制能够通过供需关系、价格机制等手段来引导资源的流动和分配，从而实现资源的高效利用。为了推动接续替代产业的发展，需要充分发挥市场在资源配置中的作用，为这些产业提供公平竞争的机会，使其能够获得足够的资源支持和市场需求。此外，调动社会力量是推动接续替代产业发展的重要手段。通过引导和激励社会力量的参与，可以扩大接续替代产业的规模和影响力。例如，政府可以通过提供财政支持、税收优惠等方式吸引企业投资和参与接续替代产业的研发和生产；还可以鼓励社会组织、个人参与接续替代产业的推广和宣传，增加市场需求，创造良好的消费氛围。

第四，完善资源开发补偿和利益分配共享机制，确保资源开发主体承担生态修复和环境整治等方面的责任和义务。通过建立资源开发补偿机

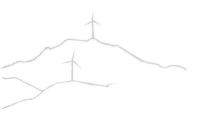

制，可以确保资源开发主体对环境破坏进行补偿，这种补偿可以通过向生态修复项目捐赠资金或者提供生态保护和复养资源等方式实现。只有当资源开发主体清楚地意识到其对环境所造成的损害，并采取积极修复措施时，才能真正保护生态环境的可持续性。通过建立利益分配共享机制，可以确保资源开发的收益合理地分配给当地居民，这可以通过设立专门的利益分配机构来实现。该机构可以制定相关政策和规定，确保资源开发的收益能够惠及所有的利益相关者。这样的机制不仅可以提高当地居民的生活水平，还可以促进社会的稳定和可持续发展。

第五，完善对资源型地区转型发展情况的动态监测和评估机制，适时调整优化资源型地区名单。通过建立完善的数据系统，能够监测到资源型地区在战略布局、产业结构调整以及环境保护等方面的变化。例如，可以通过收集和分析该地区的资源开发情况、环境污染程度、经济增长速度等指标，来判断其转型发展的效果和存在的问题。这种动态监测能够帮助政府及时调整政策措施，促进资源型地区的可持续发展。通过对资源型地区的产业结构、科技创新能力、人才培养水平等方面的评估，可以全面了解其发展优势和劣势，为政府制定战略决策提供依据。例如，通过评估该地区的环境保护措施、资源利用效率以及产业多元化程度，可以确定其在转型发展中存在的问题和需要加强的领域。在动态监测和评估的基础上，根据资源型地区的实际情况，适时调整和优化地区名单，以确保资源的合理配置和转型发展的高效进行。

（四）强化保障机制

强化保障机制是实现资源型地区现代化的重要手段。为全面贯彻落实党中央关于实现中国式现代化的决策部署，推动资源型地区的现代化，建立一套完善的保障机制至关重要。应结合资源型地区实际情况，加快研究制定指标体系、标准体系、统计体系、绩效评价和政绩考核，以推动资源型地区现代化。

第一，建立资源型地区现代化的指标体系。根据资源型地区现代化的内涵，指标体系应该体现资源型地区的特点和需求，全面反映地区现代化在各方面的进展。这包括经济发展指标、环境保护指标、社会进步指标等。科学合理的指标体系可以准确评估资源型地区的现代化进程，为政府制定和实施政策提供科学依据。

第二，建立资源型地区现代化的标准体系。标准体系是对资源型地区现代化水平的要求和评价标准的总结和归纳。通过制定明确的标准体系，可以引导资源型地区朝着现代化目标稳步推进，实现可持续发展。一方面，应积极主动参与中国式现代化标准的制定，提升资源型地区对国家标准化活动的贡献度和影响力。另一方面，在重点领域建立符合资源型地区特点的特色标准。在新型城镇化、产业体系、公共服务、生态环保、开放合作等领域探索建立与资源型地区经济社会发展实际相适应的标准，以高标准推动资源型地区实现现代化。

第三，形成推动资源型地区现代化的统计体系。统计是客观记录和分析地区现状和发展趋势的重要工具。根据资源型地区现代化的指标体系，完善统计分类、监测、调查和执法监督，进一步提高统计数据质量，全面、客观、真实反映资源型地区现代化水平，为资源型地区现代化提供数据支撑和科学参考。一是完善统计分类。合理的统计分类可以更好地反映其特定的经济结构和发展模式。对于资源型地区，可以根据不同的产业类型、资源种类和区域特点，设计出科学合理的统计分类体系，以便更准确地反映资源型地区的经济发展状况。二是推进现代化统计调查体系建设。现代化统计调查体系的建设，包括建立全面、科学、准确的调查问卷和统计样本，培养专业化的统计人才，应用先进的统计方法收集和分析数据，这有助于更好地了解资源型地区的经济、社会和环境状况，为决策提供有力支持。三是健全统计监测制度。统计监测制度是指建立一套完善的统计

监测机制和体系，监测和评估统计数据的真实性、准确性和可靠性。这将有助于发现和纠正统计数据中的错误和偏差，提高数据质量和可信度，为决策者提供更加可靠的数据支持。四是强化统计执法监督。统计执法监督是指依法对统计数据的汇总、整理、发布和使用进行监督和管理。通过加强对统计工作的监督和执法，可以提高统计数据的可信度和公正性，防止数据造假和滥用，保证决策的科学性和合法性。

第四，开展推动资源型地区现代化的绩效评价。绩效评价是全面评估资源型地区现代化进程的重要手段。通过对政府工作的绩效进行监督和评价，可以及时发现问题，调整政策和措施，推动资源型地区的现代化进程。严格按照资源型地区实现现代化的要求和目标，开展对资源型地区现代化水平整体绩效评价和分领域绩效评价。以资源型地区现代化指标体系为基础，明确新型城镇化、产业体系、公共服务、生态环保、开放合作等方面相关指标的权重，进行年度综合绩效评价和分领域绩效评价。

第五，完善适度容错的政绩考核机制。政绩考核是评估地区政府工作绩效的重要工具。在推动资源型地区现代化的过程中，应该充分考虑资源型地区的特点和困难，适当降低政绩考核的压力和要求，为地方政府创造良好的政策环境和发展空间。一是明确考核导向和考核内容。政绩考核应突出现代化导向，重点考核各级党政领导班子和领导干部是否有效满足人民日益增长的美好生活需要。二是建立完善正向激励机制。调动各级干部的工作积极性，完善适度容错的政绩考核机制。鼓励各地区在共同富裕、资源型经济转型、乡村振兴、生态文明、民生保障等重点领域探索出新做法、新思路。

三、推动资源型地区实现现代化的对策

在新发展阶段，要抓住高质量发展的历史机遇，积极运用现代科学技术，全面推进资源型地区实现现代化。重点要从分类引导各类资源型地区科学发展，促进产业、城乡和空间结构优化，提升科技支撑能力，促进科研成果转化，营造公平有序有效的市场环境，构建全覆盖、多层次的公共服务体系和打造天蓝地绿山清水秀的生态环境等方面着手，推动社会经济的健康发展，加快实现资源型地区现代化。

（一）分类引导各类资源型地区科学发展

资源型城市数量众多，资源开发处于不同阶段，经济社会发展水平差异较大，面临的矛盾和问题不尽相同。遵循分类指导、特色发展的原则，根据资源保障能力和可持续发展能力的差异，明确成长型、成熟型、衰退型和再生型四种类型地区的发展方向和重点任务，增强发展的内生动力。

1.促进成长型地区有序发展

成长型资源型地区资源开发处于上升阶段，产业发展不均衡，主导产业依然为资源产业（张国兴，冯朝丹，2021），资源保障潜力大，经济社会发展后劲足，是我国能源资源的供给和后备基地。应规范资源开发秩序，建设一批重要矿产资源战略接续基地。提高资源开发企业的准入门槛，合理确定资源开发强度，严格进行环境影响评价工作，将企业生态环境恢复治理成本内部化。提高资源深加工水平，加快完善上下游产业配套，积极谋划战略性新兴产业布局，加快推进新型工业化。着眼长远，科学规划，合理协调资源开发与城市发展之间的关系，实现新型工业化与新型城镇化同步协调发展。

2.推动成熟型地区跨越发展

成熟型城市资源开发处于稳定期，资源保障能力强，经济社会发展水平较高，是现阶段我国能源资源安全保障的核心区域。应高效开发利用资源，提高资源型产业技术水平，延伸产业链条，加快培育一批资源深加工龙头企业和产业集群。积极推进产业结构调整升级，尽快形成若干支柱型接续替代产业。高度重视生态环境问题，将企业生态环境恢复治理成本内部化，切实加强矿山地质环境治理和矿区土地复垦。大力保障和改善民生，加快发展社会事业，提高基本公共服务水平，完善城市功能，提高城镇化质量。

3.支持衰退型地区转型发展

衰退型城市资源趋于枯竭、经济发展滞后、民生问题突出、生态环境压力大，是加快转变经济发展方式的重点、难点地区。应着力破除城市内部二元结构，解决历史遗留问题，多措并举促进失业矿工再就业，积极推进棚户区改造，加快废弃矿坑、沉陷区等地质灾害隐患综合治理。加大政策支持力度，大力扶持接续替代产业发展，逐步增强可持续发展能力。

4.引导再生型地区创新发展

再生型资源型地区已经完成了产业转型并脱离了对资源型产业的过度依赖，经济社会开始步入良性发展轨道，是资源型城市转变经济发展方式的先行区（张国兴，冯朝丹，2021）。应进一步优化经济结构，提高经济发展的质量和效益，深化对外开放和科技创新，改造提升传统产业，培育发展战略性新兴产业，加快现代服务业发展。加大民生投入，推进基本公共服务均等化。完善城市功能，提高城市品位，打造一批区域中心城市、生态宜居城市、著名旅游城市。

（二）促进产业、城乡和空间结构优化

随着中国经济的快速发展和城镇化进程的加快，资源型地区正面临着

产业结构、城乡发展和空间布局等方面的挑战。为了实现可持续发展和促进经济转型升级，资源型地区应着力构建现代产业体系，大力推动乡村振兴、提高城镇化质量，并优化空间结构。

1.着力构建现代产业体系

资源型地区的经济发展主要依赖自然资源的开发和粗放型产业的发展，导致经济结构单一和产业链薄弱。因此，需要加大对高新技术产业、现代服务业和创新型企业的支持力度，通过引进新技术、培育新产业，不断提升资源型地区的竞争力和创新能力。同时，要加强对企业的技术创新和品牌建设的支持，推动资源型企业向价值链高端延伸，实现产业升级和转型发展。

2.大力推动乡村振兴，提高城镇化质量

资源型地区的农村经济相对薄弱，农民收入水平较低。为了有效推动乡村振兴，需要加大对农村基础设施建设的投入，改善农民的生产条件，提高生活水平。要推动农业产业化和农村产业转移，鼓励农民参与农产品加工、乡村旅游等领域，增加农民的收入来源。加强农村土地制度改革，促进农村集体经济发展，提高农民的土地流转权益，使农民从土地流转中获取更多收益。要加大对城市基础设施建设和公共服务设施的投资，提高城市的吸引力和竞争力，吸引更多的人才和资本流入。此外，还要推动城乡协调发展，加强农村公共服务设施建设，提高农民的生活质量。

3.优化空间结构

资源型地区的城市化进程存在一些问题，如城市功能单一、城市扩张过快等。为了优化空间结构，需要加强城市规划和土地利用管理，合理控制城市扩张的速度和规模。一是加强对土地资源的保护，严禁大规模过度开发和破坏土地生态环境的行为。二是实施精细化的土地利用规划，在城市扩张过程中注重节约用地和提高土地利用效率。三是推行土地使用权市场化改革，引入市场机制来调节土地供求关系，有效控制城市用地规模和

速度。资源型地区优化空间结构不仅局限于城市规划和土地使用管理，还需要注重推动新型城镇化发展。通过合理引导和培育新型城镇化，可以促进城市和乡村的有机衔接，实现资源型地区城乡一体化发展。

（三）提升科技支撑能力，促进科研成果转化

高水平科技自立自强是实现中国式现代化的重要战略支撑（陈志，王治喃，2023），资源型地区面临的突出问题就是资源依赖性过强和科技创新能力不足。为了实现经济的可持续发展和转型升级，这些地区迫切需要加强科技支撑，促进科研成果的转化。

1.着力提升科技支撑能力

科技创新是推动经济发展的重要引擎，对资源型地区更是至关重要。这些地区不仅需要依靠科技创新来提高资源的开采和利用效率，还需要通过科技创新来引领产业结构的升级和转变。因此，资源型地区应加大科技创新投入，引进和培养一批高水平的科研人员，建设一流的科研机构和实验室，构建创新的研发体系。通过加强科技与产业、科技与金融的深度融合，实现科技创新与经济发展的良性循环。

2.加快科研成果的转化

科研成果的转化是科技创新的关键环节，也是实现科技与经济有效对接的重要手段。资源型地区拥有丰富的矿产资源，由于技术门槛高、市场需求不足等问题，很多科研成果无法得到有效应用。因此，资源型地区应加强科研成果的转化机制建设，鼓励科研人员与企业之间的合作，促进科技成果向实际生产转移。同时，加强科技转移机构的建设，搭建转化的桥梁和平台，为科研成果的转化提供有力的支持。在资源型地区提升科技支撑、促进科研成果转化的过程中，需要政府、企业和科研机构的共同努力。政府应制定更加积极的科技政策，加大对科技创新的支持力度，激励企业加大科技投入，提高研发水平。企业应加强与科研机构的合作，积极参与科技创新，推动科研成果的转化和应用。科研机构应提高科研水平和科技服务能力，积极与企业合作，将科研成果转化为实际生产力。

（四）营造公平有序有效的市场环境

以国际国内一流营商环境为标准，努力营造公平正义的法治环境、透明高效的政务环境、竞争有序的市场环境以及和谐稳定的社会环境，为资源型地区实现现代化提供坚实的发展支撑和优质的环境保障。

1.营造公平正义的法治环境

为了营造一个公平正义的市场环境，资源型地区必须建设良好的法治环境。这要求建立完善的法律法规体系，完善相关的行政规章制度，保障市场参与主体的合法权益。同时，要加大执法力度，严厉打击各类违法行为，提升市场监管的效能和公信力。只有依法治市，才能形成一个公平、有序的市场环境，激发资源型地区经济的活力和创造力。

2.营造透明高效的政务环境

透明高效的政务环境是营造公平有序的市场环境的重要条件。政府部门应加强信息公开，提高政务服务的透明度和便捷性。加强与企业和公众的沟通和互动，建立良好的互信机制。政府应当提供公正、高效的行政审批服务，简化审批程序，降低审批成本，为企业和个人提供更多的便利和支持。加强政务的现代化建设，运用信息技术提高政务管理的效率和公正性。只有在政务环境透明高效的情况下，企业和个人才能在市场竞争中有更多的获得感和公平竞争的机会。

3.营造竞争有序的市场环境

为了营造竞争有序的市场环境，资源型地区应加强市场监管，打造一个公平竞争的市场。政府应当创造良好的市场准入条件，防止市场垄断，保障中小企业合法权益。加强对市场主体的监管，打击虚假宣传和不正当竞争行为。同时，要加强对市场信息的监测和研究，及时发布市场信息，

引导市场主体做出明智的决策。通过这样的努力，可以使市场竞争更加公正、有序，有效避免过度竞争和不正当竞争的现象。

4.营造和谐稳定的社会环境

为了营造一个和谐稳定的社会环境，资源型地区应注重社会治理。政府应加强社会管理，提高公共服务的质量和水平。加强对社会组织的引导和管理，促进社会组织的规范发展。积极化解社会矛盾，保护社会公正与稳定。鼓励社会各界积极参与社会治理，形成全社会共同参与的良好局面。只有在社会和谐稳定的环境下，资源型地区的市场才能够持续稳定发展，实现可持续发展的目标。

（五）构建全覆盖、多层次的公共服务体系

对资源型地区城乡居民的实际需求进行全面调查，在此基础上合理安排民生保障的重点方向和供给方式。通过持续提高基本公共服务保障水平，多措并举提供高质量公共服务，统筹解决相对贫困问题，持续提升对口支援的综合效益，构建全覆盖、多层次的公共服务体系，实现民生共享。

1.持续提高基本公共服务保障水平

基本公共服务是人民群众的基本需求，是社会发展的基石。资源型地区要加大投入，优化资源配置，提高教育、医疗、社保等领域的服务水平。在教育方面，要加大对农村教育的支持，改善农村教育资源，提高农村教育质量。在医疗方面，要加大对基层医疗机构的建设和支持，提高基层医疗服务水平。在社保方面，要完善社会保障制度，提高保障水平，让人民群众享受到更加全面、优质的社会保障服务。

2.多措并举提供高质量公共服务

资源型地区要充分利用科技手段提升服务效率。利用互联网、大数据等技术手段，实现信息的高效共享和服务的精细化管理，提高公共服务的智能化水平。同时，要加强人员培训，提高公共服务人员的专业素质，使

他们能够为人民群众提供高质量的服务。此外，还要加大金融支持力度，引导社会资本进入公共服务领域，提高公共服务的市场化水平。

3.统筹解决相对贫困问题

相对贫困是资源型地区发展过程中的一个难题。资源型地区要巩固拓展脱贫攻坚成果，全面贯彻落实精准扶贫和扶贫开发政策，推动产业扶贫、就业扶贫、社会扶贫等多种扶贫手段的有机结合，确保贫困群众不因资源枯竭而再度陷入贫困。此外，还要加强农村基础设施建设，提高农民的生产生活条件，促进农民稳定就业和增收。

4.持续提升对口支援综合效益

对口支援是改善资源型地区发展环境、加快发展的重要举措。资源型地区要加强与发达地区的交流合作，借鉴其成功经验，促进资源型地区的产业升级和技术创新。要加强对口帮扶力度，提高援助项目的针对性和实效性，真正解决资源型地区面临的实际问题。此外，还要加强对援助资金的监督管理，确保援助资金有效使用，且取得实际效果。

（六）打造天蓝地绿山清水秀的生态环境

资源型地区资源开发的同时，也带来了生态环境的破坏和污染，打造天蓝地绿山清水秀的生态环境，需要多方面的努力。健全生态环境保护与补偿机制、完善生态环保科技支撑体系以及适度调整资源税收分成比例以支持基层生态环境治理，都是实现这一目标的关键举措。

1.健全生态环境保护与补偿机制

健全生态环境保护与补偿机制是至关重要的。资源型地区的开发往往会对自然环境造成一定的负面影响，如水土流失、空气污染和生物多样性的减少等。为了修复和保护环境，需要建立一套完善的机制来进行环境补偿，包括对资源开发者征收环境保护税和对环境治理者给予奖励，以保护和改善生态环境。

2.完善生态环保科技支撑体系

科技的进步使人们能利用先进的技术手段来减少资源开发对环境的影响。综合运用GPS、GIS、RS、物联网等技术，建设生态环境管理信息系统和数据库，提高生态环境保护的信息化水平。例如，可以引入智能监测设备来监测水质和空气质量，及时发现和解决问题。同时，还可以研发和推广高效节能的生产工艺和设备，减少能源消耗和排放。通过科技的支撑，可以更加有效地保护和改善生态环境。

3.适度调整资源税收分成比例以支持基层生态环境治理

资源型地区的资源开发往往会给当地的生态环境带来很大的压力。在资源税收分成中适度增加生态环境治理的比例，可以将更多的资金用于基层生态环境治理，支持当地政府和社会组织的环境保护项目，推动生态环境的改善。这样，资源型地区不仅能够实现经济的发展，还能够保护和改善生态环境，实现可持续发展。

参考文献

［1］张文忠，余建辉，王岱，谌丽，等.中国资源型城市可持续发展研究［M］.北京：科学出版社，2014.6.

［2］赵建英．中国资源型城市转型发展研究回顾与展望［J］．经济问题，2021（11）：17-25.

［3］姜海宁，张文忠，余建辉，等.山西资源型城市创新环境与产业结构转型空间耦合［J］.自然资源学报，2020，35（02）：269-283.

［4］余建辉，李佳洺，张文忠.中国资源型城市识别与类型划分研究（英文）［J］.Journal of Geographical Sciences，2019，29（08）：1300-1314.

［5］余建辉，李佳洺，张文忠.中国资源型城市识别与综合类型划分［J］.地理学报，2018，73（04）：677-687.

［6］张文忠，余建辉，王岱.中国资源型城市转型路径和模式研究
［J］.城市与区域规划研究，2017，9（02）：64-80.

［7］余建辉，张文忠，王岱，等.资源枯竭城市转型成效测度研究
［J］.资源科学，2013，35（09）：1812-1820.

［8］余建辉，张文忠，王岱.中国资源枯竭城市的转型路径研究［J］.
世界地理研究，2011，20（03）：62-72.

［9］张文忠，余建辉，王岱.中国资源型城市转型路径和模式研究
［J］.城市与区域规划研究，2011，4（01）：40-56.

［10］余建辉，张文忠，王岱.中国资源枯竭城市的转型效果评价
［J］.自然资源学报，2011，26（01）：11-21.

［11］卢硕，张文忠，余建辉，等.资源型城市演化阶段识别及其发展
特征［J］.地理学报，2020，75（10）：2180-2191.

［12］张文忠，余建辉.中国资源型城市转型发展的政策演变与效果分
析［J］.自然资源学报，2023，38（01）：22-38.

［13］高见，邬晓霞.山西资源型经济转型突破口支持政策研究［J］.
经济问题，2018（09）：17-21.

［14］张国兴，冯朝丹.黄河流域资源型城市高质量发展测度研究
［J］.生态经济，2021，37（05）：20-26.

［15］陈志，王治喃.科技自立自强与中国式现代化道路——基于物质
文明和精神文明相协调的视角［J］.中国科技论坛，2023（06）：9-14.

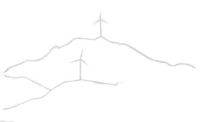

第十章

10

宿州市实现
现代化的
思路与重点

宿州市位于安徽省北部，华北平原南部，四省交会区域，是安徽省重要的煤电工业基地之一，既是全省对接长三角与中原城市群的重要节点和桥头堡，也是安徽省参与区域竞争的前沿阵地。宿州市下辖一个市辖区和四个县。2020年，宿州市全年实现生产总值2044.99亿元，主要经济指标增速全省排名靠前，生产总值年均增长7.8%，高于全省平均水平，保持发展赶超势头。矿产经济是宿州国民经济的重要产业，2020年全市矿业总产值83.42亿元，占全市生产总值的4.1%，年均增长率11.03%，高于生产总值年均增长率。宿州是一个典型的成熟型资源型地区，矿产资源较为丰富，煤炭、瓷石、盐矿等优势矿种的保有资源储量在全省前列，资源分布较为集中。其中能源矿产以煤炭为主，储量大，煤种齐全，主要为气煤、肥煤、瘦煤等，煤质优良，发热量高，开采条件良好，勘查程度高。截至2020年底，已查明具有一定资源储量规模的各类矿产共17种（含共、伴生矿种），查明的各类矿产资源总计近八十亿吨。在各类矿产中，煤炭是宿州市矿产资源的主体，煤炭及各类非金属矿产（水泥用灰岩、建筑石料用灰岩、瓷石等）是宿州市的优势矿种。截至2020年底，宿州共有25家矿山，按开采矿种划分，建筑石料用灰岩9家、煤炭8家、水泥用灰岩2家、瓷石2家，铁矿、高岭土、耐火黏土、饰面石料用大理岩各1家。按开采规模划分，大型16家、中型6家、小型及以下3家。按开发利用状态划分，生产13家、筹建10家、停产2家。按企业性质划分，有限责任公司11家、国有企业6家、股份有限公司4家、集体企业2家、股份合作企业1家、私营合伙企业1家。由上可见，宿州是一个典型的成熟型资源型城市（宿州市人民政府，2022）。

　　2020年9月，习近平总书记向全世界宣布力争在2030年前实现"碳达峰"，在2060年前实现"碳中和"（谢振安，吴澳霞，2022）。随着自然

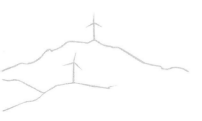

资源的枯竭及"双碳"目标的提出，高质量转型发展是资源型城市的必然选择。党的二十大报告提出，实现高质量发展是中国式现代化的本质要求之一。"十四五"时期是宿州开启全面建设社会主义现代化国家新征程、推进"经济强、百姓富、生态美"的新阶段、现代化美好宿州建设的关键期。为更好发挥矿产资源在宿州经济社会发展中的基础支撑作用，宿州要乘势而上，以高质量的发展加快推动实现现代化的步伐。

前文介绍了资源型地区实现现代化的基础与内涵，以及资源型地区实现现代化的总体思路。本章以宿州市为例，分为四个部分。第一部分以中国式现代化的五大内涵为基点，介绍宿州市实现现代化的基础。第二部分介绍宿州市实现现代化的思路。第三部分阐述宿州市实现现代化的战略重点。第四部分为加快推进宿州市实现现代化提供相关的对策建议。

一、宿州市实现现代化的基础

近年来，宿州市通过快速发展新型城镇化、着力建设现代化产业体系、推动公共服务的高质量发展、坚持绿色发展理念以及开放合作，为实现现代化奠定了坚实的基础。

（一）新型城镇化处于加速发展阶段，"大宿城"建设如火如荼

新型城镇化是现代化的必由之路，是加快建设现代化新宿州的必然选择。"十三五"以来，在市委、市政府的坚强领导下，宿州市坚持以人的城镇化为核心，努力提高农业转移人口进城落户的意愿和能力，增强城市吸引力和承载力，全市城镇化发展取得积极成效。

1.城镇化水平稳步提高

2021年宿州市常住人口532.5万人，居住在城镇的人口约为239.8万

人，与2010年相比增加了71.4万人。居住在乡村的人口292.7万人，与2010年相比减少了75.1万人。2021年宿州市城镇化率为45.03%，比2010年增长了13.63个百分点，城镇化率年均提高1.24个百分点，常住人口城镇化水平稳步提高。安徽省2021年城镇常住人口比2010年增加了1057.2万人，农村常住人口减少了900.9万人，安徽省城镇化率由2010年的43.2%增长到了2021年的59.39%，城镇化率年均提高1.14个百分点。2010—2021年宿州市与安徽省城镇化率的变化显示，宿州市城镇化率虽然一直低于安徽省整体，但是近些年宿州市城镇化率的增长步调与安徽省整体一致（图10-1）。根据城镇化发展规律，城镇化水平低于30%属于城镇化发展的初期阶段，30%—70%属于加速发展阶段，高于70%属于稳定发展阶段。据此可以判断，目前宿州市仍然处于城镇化率有潜力快速提升的加速发展阶段。

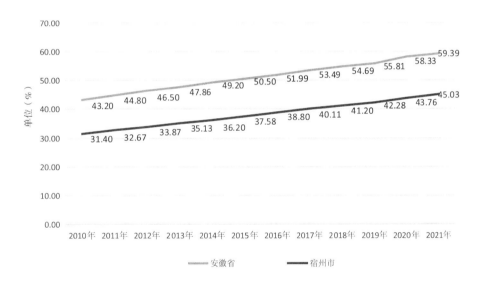

图10-1 2010—2021年安徽省与宿州市城镇化率

资料来源：根据《安徽省统计年鉴（2022）》《宿州市统计年鉴（2022）》整理。

2.区域间城镇化差异不断缩小

由于2022年宿州市统计年鉴中关于各区县城乡人口数是以年末户籍

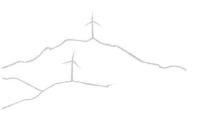

人口为统计口径，城镇化率通常基于常住人口计算，为避免统计口径不一致造成同一年份城镇化率不一样，故选用2020年的城镇化率作为参考。图10-2对比了宿州市2010年与2020年的城镇化率。2020年，宿州市5个县区中，除了埇桥区和砀山县外，其余各县城镇化率均低于全市平均水平，这一情况与2010年相同。各县区城镇化协调发展，区域间城镇化的差距不断缩小。2020年全市城镇化率排名第1位的埇桥区和第5位的萧县差距为16.6个百分点，远低于2010年排名第1位的埇桥区和第5位的泗县的26.6个百分点的差距。

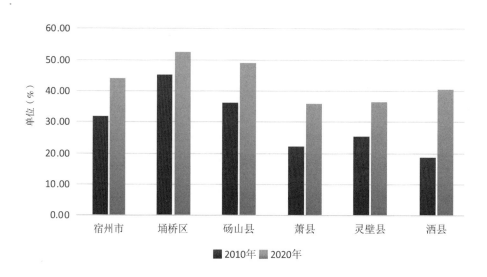

图10-2　2010年与2020年宿州市及各县区城镇化率

资料来源：根据宿州市第六次、第七次人口普查数据整理所得。

3.城乡区域发展更加协调，城镇居民生活水平不断提高

随着城镇化进程的加快，宿州市城镇居民生活水平显著提高，城镇居民收入的增长又会对消费产生带动作用，生活条件持续改善。2021年全市城镇居民人均可支配收入为37278元，比2010年的14669元增加了22609元，增长154.1%。其中，财产性收入增幅最大，11年增长11.2倍；经营性

收入增幅次之，11年增长7.5倍；工资性收入增幅为1.5倍。转移性收入呈现负增长态势。2021年宿州市城镇居民人均消费支出为19220元，比2010年的9322.15元增加了9897.85元，增长106.18%。交通通信、衣着支出、食品烟酒、居住、医疗保健、教育文化娱乐、生活用品及服务等支出均有不同程度的增长。同时，城乡之间的差距也在不断缩小，城乡收入比从"十二五"末的2.58%降至2021年的2.34%，与全省平均水平一致。另外，"大宿城"主核能级不断提升，县城和重点镇面貌显著改善，美丽乡村建设扎实推进，公共服务体系日益完善。县域特色产业集群初具规模，特色小镇建设魅力凸显，区域板块联动发展态势逐步显现。

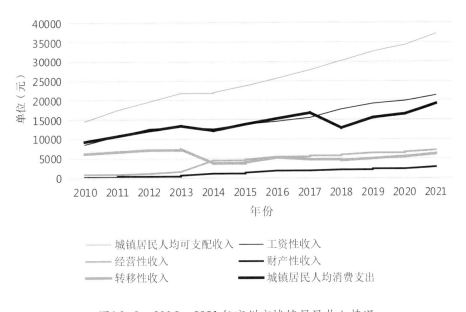

图10-3　2010—2021年宿州市城镇居民收入情况

资料来源：根据相关年份《宿州市统计年鉴》整理。

4.城镇面貌发生新改观

2022年，宿州市政府高度重视新型城镇化工作，取得了显著成果。"大宿城"战略全面实施，划定"三区三线"，中心城区面积由110平方

公里增至206.91平方公里，编制完成符离片区、城东片区、城南片区、宿州西站片区规划。实施城乡建设重点工程305项、完成投资425亿元。京沪铁路宿州站改建完成，唐河路东延竣工通车，城南公园开园迎客，宿州机场、宿州西站等项目前期工作快速推进，宿固高速、徐淮阜高速、阜淮城际铁路、淮宿蚌城际铁路、合新高铁泗县段开工建设。建筑业总产值增长10%。完成城镇老旧小区改造53个，棚户区住房改造基本建成2.7万套，主城区上房13个安置小区共1.9万套，总建筑面积230.9万平方米，创历史新高。实施宿州群众喝上引调水工程，开工建设符离水厂、芦岭水厂等4座水厂。城市生命线安全工程完成序时进度，主城区智慧城管项目建成并投入运行。国家公交都市创建通过验收，被评为国家"绿色出行示范城市"，全面完成城乡道路客运一体化改造，实现所有建制村通客车。萧县入选首批省级新型城镇化建设试点县，并被评为省级"四好农村路"示范县。泗县、萧县、灵璧县入选全国县域发展潜力百强县。6个乡改镇获省政府批准，新设街道3个，农业人口转移12.7万人，常住人口城镇化率提高1.7个百分点。

（二）着力建设现代化产业体系，为区域高质量发展提质增速

现代化产业体系是在结构、组织、技术、金融、政策等层面具备全球竞争力的新型产业体系。建设现代化产业体系是宿州市构建新发展格局的重大任务，也是推动宿州市高质量、跨越式发展的必然要求。

1.产业布局体系："10+5+5+N+9"的产业体系

根据《宿州市国民经济和社会发展第十四个五年规划和二〇三五年远景目标纲要》显示，农业、工业、服务业全面发展。一是深入实施农业供给侧结构性改革，全面推进乡村振兴，发展小麦、大豆、玉米、酥梨、黄桃、葡萄、胡萝卜、金丝绞瓜、芦笋、家禽十大优新产业，创建"一县一业（特）"全产业链，打造长三角地区粮食生产重要产区。二是以开发区为载体，构建"5+5+N"现代工业体系：第一个"5"即重点聚焦绿色食品、轻纺鞋服、家居建材、机械电子、煤电化工五大传统优势领域的转型升级；第二个"5"即培育数字产业、高端装备、生物医药、新材料、智能制造五大战略性新兴产业增长极；"N"即谋划布局量子通信设备（装备）、边缘计算、虚拟（增强）现实、工业机器人、区块链、石墨烯、靶向药物、体外诊断、增材制造等N个未来产业。三是以专业化、品质化、高端化为方向，大力发展信息服务、现代物流、科技服务、金融服务、电子商务、商贸服务、住宿餐饮、健康养老、家庭服务等领域，推动服务业向价值链高端延伸。

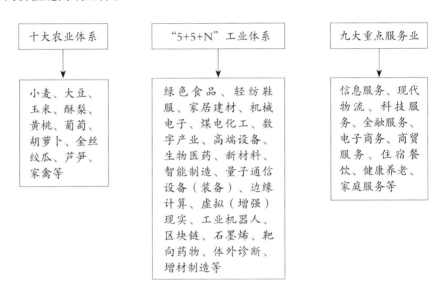

图10-4　宿州市三大产业布局体系

资料来源：根据中商产业研究院相关资料整理。

2.实施产业链"链长制"，推动全市经济高质量发展

链长制概念最早出现在湖南省长沙市政府2017年文件中，是当地政府在双循环新发展格局下为应对环境重大不确定性所探索出来的宝贵经验。2019年，浙江省率先在全省范围内推行链长制。截至2022年10月，已有24

个省份实施了链长制或相关政策。链长制作为区域产业链发展中由地方政府用"看得见的手"推动"看不见的手"的协调机制，在构建双循环新发展格局、建设现代化产业体系过程中发挥了重要作用。"链长制"指区领导担任产业链"链长"、龙头企业担任产业链"链主"的"双链"制度。2021年，宿州市制定出台《市十大重点产业"链长制"工作方案》，实施十大重点产业"链长制"。构建新发展格局，抢抓长三角一体化发展战略机遇，做优做强实体经济，提高产业链现代化水平。打造特色鲜明、优势突出的现代产业体系，推动全市经济高质量发展。工作方案围绕市十大重点产业，建立由市领导担任产业链"链长"、龙头企业担任产业链"链主"的"双链"机制。立足优势产业强链，围绕发展短板补链，注重协同配合延链，打好"补链强链延链"组合拳，形成上下游产品有机连接、大中小企业分工协作的高质量全链条产业发展模式。"链长制"工作方案重点打造现代物流、生物医药健康、数字创意和文化旅游体育、高端装备暨智能制造、新能源暨节能环保、轻纺鞋服、数字产业暨新一代信息技术、新材料、绿色食品、绿色家居建材十大产业，分行业编制产业链"鱼骨图"，明确发展目标、方向、路径，建立各产业重点集群、重点基地、重点企业、重大项目、重点招商目标数据库，指导全市产业发展。

3.战略性新兴产业助力宿州市高质量发展

产业是宿州市振兴的基础。近年来，宿州市积极以战略性新兴产业为抓手，探索出具有宿州特色的产业发展模式。新兴产业发展势头强劲有力，经济贡献显著提升。"十三五"期间，宿州市战略性新兴产业产值规模迅速增长，从2016年的135亿元增长至2020年的201亿元，战略性新兴产业产值占规模以上工业产值的比重由2015年的7.3%提高到13.1%，战略性新兴企业由2015年的103户增加到168户，产值年平均增速达到21.7%，高于全省平均水平。此外，新兴产业创新能力日益增强。"十三五"末，全市高新技术企业达到185家，高新技术产业增加值占规模以上工业的比重接近30%，占全省的比重较"十二五"末提高一倍。"十三五"期间，宿州市深入实施"3111"工程，各县区和园区首位产业建设有序推进，云计算、大数据、生物医药等产业链条不断延伸和优化，整体产业相对集聚的态势显现。

（三）推动公共服务高质量发展

中国式现代化追求物质文明和精神文明的协调发展，高质量的公共服务是实现这一目标的关键因素。公共服务关乎民生，连接民心。习近平总书记多次强调，要做好普惠性、基础性、兜底性民生建设，健全基本公共服务体系，全面提高公共服务共建能力和共享水平。通过提供高质量的教育、医疗、文化、社保等公共服务，能够满足人们多样化的需求，提高生活质量和幸福感，推动社会的全面发展。

1.教育发展整体水平迈上新台阶，教育事业高质量发展

"十三五"期间，在宿州市委、市政府的领导下，宿州市全面贯彻党的教育方针和实施教育优先发展战略，教育事业取得显著成就。截至2022年底，宿州市有普通高等学校4所，在校学生4.2万人；中等职业教育学校16所；普通高中学校48所；普通初中学校205所。高中阶段毛入学率93.6%，初中学龄人口入学率100%，小学学龄儿童入学率100%。劳动年龄人口平均受教育年限超过10.5年。教育事业发展主要指标超过全省平均水平，为加快推进教育现代化和提供高质量的教育服务奠定了坚实基础。

（1）宿州市教育发展水平稳步提高，教育保障体系持续完善。学前教育普及普惠水平进一步提高，基本建成广覆盖、保基本、有质量的学前教育公共服务体系。义务教育均衡发展水平显著提高，四县一区的义务教育均衡发展，基本消除城镇大班额。高中阶段教育普及水平显著提高，基本实现普通高中多样化和特色化发展。全市职业教育基础设施建设显著增强，职业学校布局、结构和功能不断调整优化，办学水平明显提高。加强

党对教育工作的全面领导，党建工作机制不断健全，教育经费投入和管理机制不断完善。全面落实农村义务教育国家"两免一补"政策，加快推进教育现代化发展，积极推进现代学校制度建设。

（2）办学条件得到显著改善，教育体制改革不断深化。2014至2018年，全市投入"全面改薄"资金17.51亿元，实施项目学校1425所，改造校舍和运动场地面积306.82万平方米。2019至2020年，投入"义务教育阶段薄弱环节改善与能力提升"项目资金6.45亿元，实施项目学校236所，建设面积56.83万平方米。2016年以来，全市新建、改扩建公办幼儿园196所，实施普及高中阶段教育攻坚计划项目学校65所。教育信息化进程持续加快，全面推进"三通两平台"的建设与应用，中小学宽带接入率、校园建有率、校园网络畅通率均达到100%。接入宽带均在200M以上，班级多媒体覆盖率达到100%，实现全市农村教学点在线课堂常态化，实现城乡优质教育资源广泛共享。近年来，宿州市基础教育课程与教学改革稳步推进，探索促进学生发展的多种评价形式，构建灵活开放的课程和教学评价体系。教育督导制度进一步完善，教育督导质量和水平不断提高。

2.医疗保障事业成果显著

医疗保障公共服务关系到群众的切身利益[5]。近年来，宿州市医疗保障系统坚持以人民为中心的发展理念，致力于完善制度、健全机制、深化改革、提升服务，医疗保障在减轻群众就医负担、增进民生福祉、维护社会和谐稳定等方面取得了一系列新突破和新成果。

（1）全民医保基本实现，医保待遇稳步提升。截至2023年，全市基本医疗保险参保人数达到568.4万人，其中，城镇职工参保36.8万人，城乡居民参保531.6万人，基本医保参保率达106.7%，基本实现应保尽保。全市城乡医疗救助目标任务完成，及时率达100%，做到了应救尽救。全市城镇职工和城乡居民基本医保政策范围内住院费用报销比例分别稳定在85%和75%左右。大病保险待遇水平逐步提高，城乡居民大病保险起付线调整至

1.2万元，报销比例提高至65%左右。在进一步完善和规范"门诊慢特病"管理的基础上，不断强化"两病"门诊用药保障机制，逐步实现"慢病患者"规范化管理与门诊用药保障一体化建档备案、确认定点和享受待遇，持续推进国家和省级集采药品、耗材的政策落地惠民。

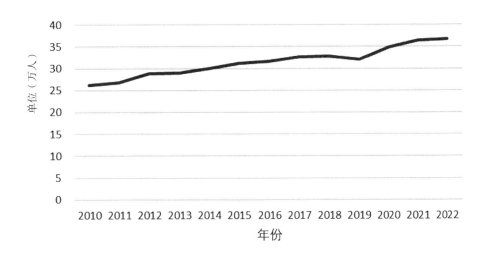

图10-5　2010—2022年宿州市职工参保人数

资料来源：根据相关年份《宿州市统计年鉴》整理。

（2）经办服务不断优化。"十三五"期间，宿州市医保系统开展"行风建设提升年"活动，推行"一次""三声""六多"服务标准以及"班前十分钟"和"好差评"制度。开通24小时"不打烊"医保服务热线，打造"暖心医保"服务品牌。实施"宿州医保便民e站"网上办理，医保服务事项"一网通办"。完善市、县、乡、村四级医疗保障服务体系，全市114个乡镇（街道）全部设立医保办，设立了33家行政村（社区）医保工作站，配备了212名专兼职医保管理员，"零距离"服务基层百姓。积极推进异地就医结算，率先在全省实现与长三角地区门诊和住院直接刷卡结算，实现职工医保个人账户省内定点药店异地联网结算。

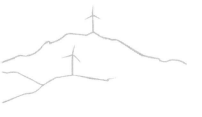

（3）区域协同发展不断推进。推进长三角地区跨省异地就医门诊医疗费用直接结算试点，实现全市城镇职工基本医保在长三角异地普通门诊就医费用直接结算，实现全市城镇职工基本医保在省内异地普通门诊和慢性病门诊就医费用直接结算，将异地安置退休人员、异地长期居住人员等纳入异地就医门诊结算范围。宿州市与长三角41个城市实现医保"一卡通"，与沪苏浙6750家定点医院实现职工普通门诊异地就医直接结算。

3.公共文化服务为市民幸福"加码"

公共文化服务是指以政府为供给主体，公益性地为社会提供公共文化产品和服务的行为[6]。"十三五"以来，宿州市大力推进公共文化设施建设与管理，多渠道增加公共文化服务供给，严格落实政府保障职责，推动全市公共文化事业高质量、高水平发展。

（1）加强公共文化服务设施建设与管理。"十三五"期间，宿州市大力推进县、乡、村三级公共文化服务基础设施建设。建成砀山县、泗县图书馆和博物馆，并投入使用，完成宿州市美术馆和萧县文化馆、图书馆、博物馆、美术馆主体工程建设，建成乡镇（街道）综合文化服务中心97个、村（社区）综合文化服务中心1276个、电子农家书屋1204个，基本建成了覆盖市、县（区）、乡镇（街道）、村（社区）的四级公共文化服务网络。全市公共图书馆、文化馆实现县（市、区）全覆盖，乡镇（街道）综合文化站覆盖率达100%，村（社区）综合文化服务中心覆盖率达97.9%，全面超过省规定的95%的工作目标。此外，通过各类争创活动，不断加快公共文化设施的提质升级。市图书馆、市文化馆、市博物馆、泗县图书馆、泗县文化馆和灵璧县文化馆被评为国家一级馆，砀山县图书馆、砀山县文化馆、埇桥区图书馆、埇桥区文化馆、萧县文化馆和萧县博物馆被评为国家三级馆。宿州市不断推进公共文化服务总分馆建设，着力推进公共服务均等化。市图书馆在宿州城区建成分馆11个，借阅点24个。各县（区）建成县级图书馆总馆5个，乡镇（街道）分馆105个，村（社区）服务点1204个。建成县级文化馆总馆5个，乡镇（街道）分馆110个，村（社区）服务点1329个。

（2）多渠道增加公共文化服务供给。"十三五"期间，宿州市大力实施文化惠民工程，全市120家公共文化场馆全面实现免费开放。在全市1204个行政村全面实施文化信息共享，开展"送戏进万村"活动6300余场、举办体育活动21000多场，惠民人次达3000余万人。积极组织开展各类群众性文化活动。以村级综合文化服务中心为平台，在全省率先组织开展乡村春晚活动，累计组织开展乡村春晚活动330余场。充分发掘民间文化，打造民间文化艺术之乡。优化广播电视服务，共投入5029.76万元，全面建成四县一区应急广播体系，行政村覆盖率达到100%，自然村覆盖率达到90%以上。圆满完成农村电影放映工作，共放映电影72240场，观影群众达1000万人次。创新公共文化供给方式。坚持政府"送菜"与群众"点菜"相结合，在各级公共文化场馆设立意见箱，征求群众文化需求，有针对性地设计和提供公共文化产品。"十三五"期间，全市公共文化场馆共开展网络课程和网络直播1500余场，观看人数累计超过500万人。宿州市民春晚、宿州市少儿春晚等文化品牌活动网上直播深受群众喜爱。

（3）严格落实政府保障职责。宿州市政府重视公共文化服务体系的制度建设，先后出台了《宿州市关于加快构建现代公共文化服务体系的实施意见》《宿州市"十三五"推进基本公共服务均等化规划》《宿州市贫困地区基层公共文化服务脱贫行动计划实施方案》《宿州市村（社区）综合文化服务中心暂行管理办法》等文件，有力保障了宿州市公共文化服务体系高质量、高水平发展。市政府将公共文化服务体系的法律法规宣传落到实处，通过举办专题培训班、召开主题报告会、邀请专家辅导、开展专题研讨等形式，组织文化和旅游等领域管理人员、从业人员学习"一法一条例"，即《中华人民共和国公共文化服务保障法》《安徽省公共文化服务保障条例》，提高工作人员依法办事的能力和自觉性。加大政府考核和

暗访督查力度，"十三五"期间，宿州市将公共文化服务体系建设纳入政府目标绩效考核，市政府定期听取《中华人民共和国公共文化服务保障法》实施情况汇报，加强对公共文化服务工作的监督检查。

4.宿州市社会保障事业高质量发展

社会保障是加快以改善民生为重点的社会建设的重要内容，是民生之基。宿州市社会保障部门坚持将增进民生福祉、促进社会公平作为社会保障事业发展的出发点和落脚点。由图10-6可知，从2010年到2021年，宿州市失业保险参保人数呈下降趋势，这从侧面反映了宿州市就业环境更加稳定，失业率保持在较低水平；职工基本医疗保险和职工基本养老保险参保人数稳步上升，宿州市城乡居民社会保障体系和水平更加完善。

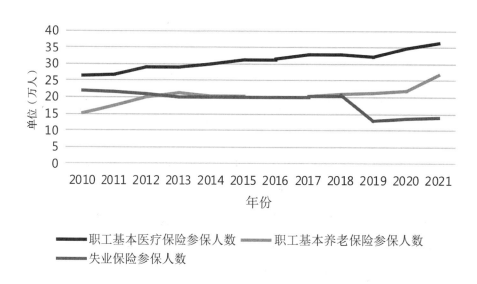

图10-6　2010—2021年宿州市三类保险参保人数

资料来源：根据相关年份《宿州市统计年鉴》整理。

2010至2021年宿州市农村居民最低生活保障人数呈波动下降趋势，与宿州市城乡居民最低生活保障人数的变动一致，这得益于宿州市人社部门在扶贫工作上的扎实努力，为脱贫攻坚战贡献了人社力量。随着居民生活水平的提高，经济压力有所减小，越来越多的农村低保居民过上了幸福安康的生活。农村居民享受低保人数的减少，并不是说明宿州市社会保障水平下降了，而是反映了居民生活水平的提高。2010至2021年宿州市城镇居民最低生活保障人数整体减少，因为城镇居民生活水平大幅度提高，低保人群减少，这是社会进步与发展的标志。

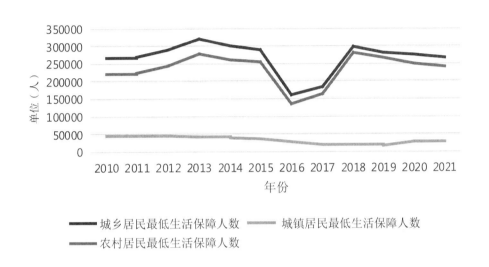

图10-7　2010—2021年宿州市享受低保人数

资料来源：根据相关年份《宿州市统计年鉴》整理。

（四）坚持绿色发展理念，推进生态文明建设

中国式现代化追求人与自然和谐共生，蕴含着丰富的生态意蕴。近年来，习近平总书记对安徽作出的系列重要讲话指示批示，宿州市深入贯彻习近平生态文明思想，认真落实党中央、国务院决策部署，以降碳为重点战略方向，以减污降碳协同增效为总抓手，持续改善生态环境质量，致力于建设"生态之城"，打好"蓝天碧水净土"保卫战，加快建设现代化美好宿州。

1.协同推进环境质量改善和绿色发展

生态环境质量逐步改善。2022年，宿州市细颗粒物（$PM_{2.5}$）年均质量

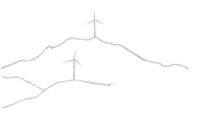

浓度为40微克/m³，同比下降2.4%，空气质量优良天数比例为76.7%，优良天数比例改善率全省排名第5，全面完成年度考核任务。2022年，宿州市国考断面优良水体比例为53.8%，同比提升15.3个百分点，达到有监测记录以来最佳水平。汇入洪泽湖的跨省界河流和汇入沱湖的跨市界河流水质全部达到Ⅲ类标准，跨省界、市界重点河流出境水质比入境水质提升一个类别。水环境质量改善率在全省排名第3位。市县集中式饮用水水源地水质达标率为100%。宿州市受污染耕地安全利用率和污染地块安全利用率均达100%。土壤环境质量总体保持稳定，农用地和建设用地土壤环境安全得到有力保障，土壤环境风险得到有效控制。

绿色发展取得新进展。近年来，生态环境保护对经济转型的引导、优化、倒逼和促进作用逐步增强，全市产业结构不断优化，第一产业、第二产业、第三产业的结构由2015年的21.7∶41∶37.3调整为2022年的15.2∶34.7∶50.1。绿色低碳循环发展成效显著，2022年单位GDP能耗较2015年下降38.97%。2021年规模以上工业企业原煤消费总量为682.59万吨，比2015年减少883.23万吨，下降56.4%，规模以上企业单位工业增加值能耗较2015年下降30%。

2.生态环境建设和生态修复工程取得积极进展

2022年，全市生态保护红线划定范围核减298.02平方公里，核减后生态保护红线划定总面积为349.13平方公里，占全市国土总面积的3.51%，均为水土保持生态保护红线和生物多样性维护生态保护红线。"十三五"以来，18个乡镇被命名为省级生态乡镇，61个村被命名为省级生态村。利用国家级自然保护地遥感监测卫星，全面核查国家级自然保护地4个、省级自然保护区6个、省级自然保护地5个，累计实地核查点位3158个，严肃查处违法违规问题。2021年，宿州市绿化面积为15347.04公顷，比2011年增长2.84倍。宿州市建成区绿地率也由2011年的26.96%增长到了2021年的36.21%。

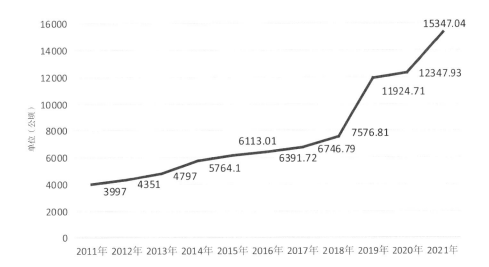

图10-8 2011—2021年宿州市绿化面积情况

资料来源：根据相关年份《宿州市统计年鉴》整理。

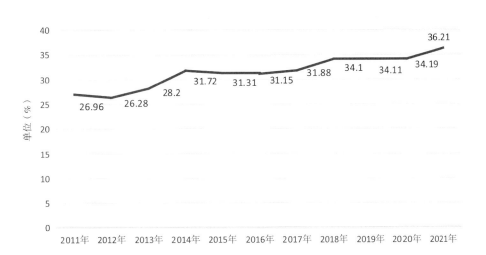

图10-9 2011—2021年宿州市建成区绿化率情况

资料来源：根据相关年份《宿州市统计年鉴》整理。

山水林田湖草治理修复一体化。宿州市扎实推进全市生态修复工程，截至2022年11月底，宿州市已完成400个生态修复项目主体工程。划定林业生态保护红线，将自然保护区、国家森林公园、重要河流和湿地、重点公益林、部分山区、水源保护地等纳入红线保护范围，利用"数据库"和"一张图"严守生态红线。加强湿地保护修复，对沱河省级自然保护区内的核心区约8000亩土地进行流转，实施退耕还湿。根据生态保护红线评估调整成果，结合基本农田布局调整，初步形成城镇开发边界划定成果。碧水攻坚多措并举长效化，依托河（湖）长制度体系，建立河湖警长、河湖检察长制度，各级河长累计巡河9.5万余次。通过工程措施，累计治理河道长度333.6公里，治理支河支沟长度510公里，全市河湖水生态环境得到持续改善。联合市河长办进一步强化工作机制，常态化巡河暗访与河湖管护专项行动相结合，规范各县（区）河湖"四乱"问题自查工作，确保河湖管护工作落到实处、取得实效。截至目前，全市共清理河道约4680公里，清理垃圾约4.4万立方米，清理衰死水草约20.3万立方米。

3.科技赋能，精准发力，全力提速治理能力现代化

"十三五"以来，宿州市加快推进环保"大平台、大系统、大数据"建设，陆续建成了大气治理110指挥系统、地表水监测预警系统、黑烟抓拍系统等十多个特色信息化系统。在这些自建特色信息化系统中，视频监控系统为主河流断面监管安上了"千里眼"，为宿州市探索推进治理能力现代化建设迈出了坚实的一步，已初步形成环境监管网格化格局，建立1个一级网格，8个二级网格，121个三级网格，2095个四级网格。推进大气、水、固废水等重点污染自动监控信息化平台和特色化信息系统建设，建成宿州市地表水监控预警平台系统、空气环境质量自动监测系统、主城区大气环境质量网格化监管系统、扬尘污染高点视频监控系统、黑烟车抓拍系统等信息化系统。完善基层环境监管网络，已设立110个乡镇（街道）生态环境保护工作站，在编人员517人，初步形成"上下联动、齐抓

共管"的工作格局。

（五）开放合作发展道路越走越宽

走和平发展道路是中国式现代化的重要特征之一。资源型地区的现代化发展需要走开放合作的道路，开放合作是资源型地区实现现代化的重要途径和策略。

1.宿州、徐州合作共建产业园区，打造省级毗邻地区产业创新合作新高地

2020年，安徽省政府工作报告中明确提出"促进宿州徐州现代产业园区共建"，并在用地指标、环境容量、节能减排、减税降费、资金奖补、产业投资基金等方面给予支持倾斜。宿徐现代产业园是宿州和徐州两市合作共建园区，位于宿州市埇桥区最北部、皖苏两省交界处，与徐州国家高新技术产业开发区相连，交通区位优势明显。宿州资源型产业比重偏高，制造业特别是先进制造业缺乏龙头企业及关联企业，产业链条较短，配套能力不足。邻近的徐州随着装备制造、电子信息等产业快速发展，产业布局亟须调整，一批企业将转移搬迁，配套企业需平台承载，拥有丰富人力资源的宿州是徐州布局产业配套的理想之地。近年来，宿州加强与徐州优势产业深度对接，科学规划布局装备制造、电子信息、现代服务业等重点产业集群，参与徐州万亿级装备制造产业集群、世界级装备制造产业中心建设，对接淮海国际陆港建设，促进产业链、供应链深度融合，加快形成互融互补、协同协作的现代化产业发展新格局。同时，依托中国矿业大学成立高层次人才孵化中心，不断提升园区人才层次。截至2021年，园区已聚集装备制造、工程机械、战略性新材料等企业143家，其中承接徐州产业转移企业60多家，去年新增高新技术企业3家、专精特新企业7家。宿州、徐州合作共建产业园区，既是贯彻落实党的十九届五中全会精神的重要行动，也是推进长三角一体化发展和淮海经济区协同发展的重大举措。两市合作共建，能够充分发挥徐州的辐射带动作用，加快产业转型升级，

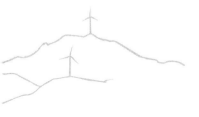

对推动两地产业布局一体化、基础设施一体化、公共政策与服务一体化具有重要意义。

2.宿州市与杭州市建立结对合作帮扶关系

为缩小区域差距，实现长三角更高质量一体化发展，促进共同富裕，国家发展改革委于2021年12月8日印发了《沪苏浙城市结对合作帮扶皖北城市实施方案》。沪苏浙城市（城区）与安徽省部分地市开展结对合作帮扶。其中，浙江省杭州市与安徽省宿州市结对。杭州市8个区分别与宿州市8个县（区）结对。其中，上城区与埇桥区结对、拱墅区与萧县结对、西湖区与砀山县结对、滨江区与泗县结对、萧山区与宿马园区结对、余杭区与高新区结对、临平区与灵璧县结对、钱塘区与经开区结对，市管园区建立"一对一"合作帮扶关系。帮扶工作方案坚持优势互补、合作共赢，围绕产业、技术、人才、资本、市场等方面，明确园区共建、产业共链、资本共设、产业共推，农业互链、农品共销，人才互培、资源共享，文旅互融、市场共拓，民生共兴、成果共享，改革共促、经验共享，干部挂职、互学互鉴八项重点合作帮扶工作任务，并提出以下工作目标：到2025年，构建多领域、多方位、多层次、开放式的合作体系；到2030年，形成全面深度的合作帮扶工作格局，一体化和高质量发展得到明显提升。

3.新时代十年，宿州市坚持对外开放，积极融入长三角

随着长三角一体化发展上升为国家战略，宿州迎来了历史上最好的开放发展机遇。宿州徐州现代产业园、张江萧县高科技园被授牌为首批安徽省际产业合作园区，"张江创造+宿州制造"模式在全省复制推广。新时代十年以来，皖北承接产业转移集聚区入驻沪苏浙亿元以上项目736个，黄淮海智慧物流产业园、山鹰包装纸等重大项目纷纷落地建设，外商直接投资年均增长12.6%。随着新汴河治理工程、淮宿蚌城际铁路、宿州机场等项目加快推进，"海陆空"物流通道将全面打通。成功申建安徽省自贸区第二批联动创新片区，2022年宿州进口、出口整体通关时长分

别压缩至26小时、0.35小时，开放的宿州动力更强、活力更足、潜力无限。此外，2021年4月29日，《宿州市推进长三角一体化发展三年行动计划（2021—2023年）》印发实施，文件进一步提出未来三年实施推进五个"区块链接"建设行动，聚焦皖北承接产业转移集聚区建设，深入推进省际毗邻地区新型功能区、省际产业合作园区建设，推动各城市之间、各城区与苏沪浙城区深化合作，提高开放型经济水平，打造长三角一体化发展重要增长极。

二、宿州市实现现代化的思路

以习近平新时代中国特色社会主义思想为指导，全面贯彻落实党的二十大精神，统筹推进"五位一体"总体布局和协调推进"四个全面"战略布局，以人的现代化为核心，依托地区优势，进一步深化改革开放。依靠体制机制创新，加快推进新型城镇化。积极构建现代化产业体系，保障和改善民生。加强生态环境保护和治理，全面拓展开放合作，全力推动宿州市现代化发展。

（一）基本原则

1.坚持党的全面领导

坚持党对经济工作的战略谋划和统一领导，坚持党领导经济工作体制机制，是推动宿州市实现高质量发展的根本保证。宿州市实现现代化任务艰巨，挑战巨大，更需要发挥党的思想引领、政治引领、价值引领、组织引领的重要作用。高质量发展是实现现代化的关键路径，习近平总书记围绕高质量发展作出一系列重要论述，为高质量发展"立题""破题""解题"。要以此为指引，不断破解经济发展新难题，不断增强发展新动力，

不断创造发展新优势。以党的坚强领导推动高质量发展，最重要的是充分发挥党总揽全局、协调各方的领导核心作用。政治引领是通过理念引领、制度制定和政策引导来实现的。党的初心和使命是为中国人民谋幸福，为中华民族谋复兴。为中国人民谋幸福是高质量发展的价值底色，为中华民族谋复兴是高质量发展的行动追求。推动高质量发展是党中央的重要决策部署，是必须长期坚持的要求，必须确保推动高质量发展的每项决策部署都能得到贯彻落实。

2.坚持以人为本

牢固树立以人民为中心的发展理念，坚持将人民至上作为推进宿州市高质量发展的根本前提，始终把人民群众冷暖放在心上，全心全意做好各项工作。紧紧围绕"民生为本"主线和"为人民服务"主旋律，全力强保障、惠民生，为推动宿州市经济快速发展、促进社会和谐稳定做出贡献，确保人民群众在共建共享发展中有更多的幸福感、获得感。

3.坚持改革创新

创新是推动高质量发展的根本动力。强化担当精神和创新意识，贯彻新发展理念，大力破除事业发展中的体制机制障碍，以改革激发新发展活力。紧紧围绕制度创新和政策完善，坚定不移推动重点领域和关键环节改革，充分发挥市场在资源配置中的决定性作用，更好发挥政府作用。现代化事业是人民的事业，必须坚持人民的主体地位。要充分激发人民群众改革创新的动力活力，调动广大群众改革创新的主动性积极性，使人民群众更加积极地参与到现代化建设事业中来。

4.坚持深化改革开放

坚定不移推进深化改革、扩大开放，加速社会治理体系和治理能力现代化建设，主动服务并融入国家区域重大战略，破除制约高质量发展和高品质生活的体制机制障碍，强化有利于提高资源配置效率、有利于调动社会积极性的重大改革开放举措，持续增强发展动力和活力。

5.坚持生态优先，绿色发展

坚持人与自然和谐共生、绿水青山就是金山银山的理念，将生态环境保护融入宿州市发展的各方面和全过程，大力推进绿色发展机制建设，在高质量发展中实现高水平保护、在高水平保护中促进高质量发展，加快形成绿色发展方式和生活方式。

6.尽力而为，量力而行

立足宿州市发展客观实际，综合考量经济发展状况和财力负担的可持续性，既要关注回应群众呼声，不断加大投入力度，切实履行基本职责，又要合理引导社会预期，不超越发展阶段，有序推进公共服务保障水平与经济社会发展水平相适应，使发展成果更多更公平地惠及全体人民。

（二）战略思路

1.构建"一主四星、绿心引领，一轴两带、两翼联动"总体格局

坚持统筹规划、优化布局、分工协作、以大带小，深入推进"大宿城"建设，积极构建"一主四星、绿心引领，一轴两带、两翼联动"，中心城市引领、中小城市及小城镇协调发展的城镇化发展格局。"一主四星"聚焦建设皖苏鲁豫交会区域新兴中心城市，以宿州中心城区为核心和主导，强化以砀山县、萧县、灵璧县、泗县四个县城为主要载体的新型城镇化建设，协同徐州、淮北形成徐宿淮城镇群。"绿心引领"聚焦皇藏峪生态绿心和黄河故道绿心，包括安徽砀山酥梨种质资源森林公园、砀山县黄河故道省级自然保护区、安徽萧县皇藏峪省级自然保护区、宿州大方寺省级自然保护区、萧县永堌省级森林自然公园，共同保护"皇藏峪—龙脊山—五柳"生态绿心，构建环绿心城镇发展带。"一轴两带"指南北向发展轴和东西向发展轴，"一轴"为南连合肥、北融徐州的徐淮宿发展轴，"两带"指北部黄河故道沿线发展带和南部大运河沿线发展带。"两翼联动"分别为砀山县、萧县组成的西北发展片区和灵璧县、泗县组成的东南发展片区。

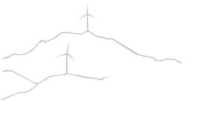

2.推进制造业数字化转型，深入实施"实体宿州+数字宿州"发展战略

宿州市要坚持把做实做强做优实体经济作为主攻方向，大力实施工业强市战略，一手抓传统产业转型升级，一手抓新兴产业发展壮大。深入实施"实体宿州+数字宿州"发展战略，强化数字经济赋能，以智能制造为突破口，提高先进制造业发展水平。打好产业基础高级化和产业链现代化攻坚战，打造具有核心竞争力的"5+5+N"现代化制造业集群，加快培育长三角产业发展强劲活跃增长点。牢牢把握新一轮科技革命和产业变革机遇，重点聚焦绿色食品、轻纺鞋服、家居建材、机械电子等传统产业领域。利用新一代信息技术对传统产业进行全方位、全链条改造，在更高层次、更广范围、更深程度上赋能企业制造模式、生产组织方式和产业形态创新重构。深入推进全市制造业智能化改造和数字化转型，加快推动制造业质量变革、效率变革、动力变革，为推动实体经济高质量发展注入强劲动能。构建五大新兴产业格局。抢抓长三角一体化战略机遇，积极参与长三角价值链分工，对接上海龙头，携手周边城市，立足宿州市产业基础，打造数字产业、高端装备、生物医药、新材料、智能制造五大新兴产业集群。构建一批各具特色、优势互补、结构合理的战略性新兴产业增长引擎。积极引进长三角高质量创新资源，持续提高节能环保、新能源、生命健康、生物育种、数字创意等其他新兴产业发展水平。实施未来产业培育专项行动，积极组织实施一批重大科技专项，突破一批核心技术和关键性共性技术，在量子通信设备（装备）、边缘计算、虚拟（增强）现实、工业机器人、区块链、石墨烯、靶向药物、体外诊断、增材制造等产业化应用方面实现突破，培育N个未来产业，谋划布局新的产业集聚核心。

3.质量强市战略

质量的内涵比较广，既包括产品质量，也包括工程和服务质量，提高质量是高质量发展的应有之义[9]。公共服务的质量也包括在服务质量之中。因此，践行质量强市战略对于系统提升公共服务效能有着巨大推动作

用。以习近平同志为核心的党中央高度重视质量工作，部署实施了质量强国、开展质量提升等一系列重大战略举措。在新的发展阶段，宿州市务必对标高质量发展的要求，保持质量强市战略定力，增强质量发展信心，大力提升产品质量、服务质量、工程质量和环境质量，努力推动全市质量工作向更高、更强、更快发展。首先要加强组织领导，及时调整市质量发展委员会成员单位名单，切实加强市质量发展委员会对质量工作的统一领导和统筹协调。强化政府主导、部门联合、企业主责、社会参与的质量工作格局，明确职责分工，确保规划顺利实施。其次，营造质量氛围，充分发挥新闻媒介、行业组织、群众团体的舆论引导和监督作用，普及质量品牌知识，传播先进质量理念，不断增强全民质量意识，提升公众质量素养，营造全社会重视质量、关心质量、提升质量的良好氛围。最后，强化督查考核。市质量发展委员会各成员单位要按照重点工作要求，研究制定具体落实措施，明确目标任务、职责分工和时间进度。

4.践行"两山"理念，打造绿色生态美丽宿州

坚持绿水青山就是金山银山的理念，坚持尊重自然、顺应自然、保护自然。坚持节约优先、保护优先、自然恢复为主，深入实施可持续发展战略，构建生态文明体系，促进经济社会发展全面绿色转型。建设人与自然和谐共生的美丽宿州，打造国家生态文明示范区皖北样板。加快推动绿色低碳发展。一方面，推动产业绿色化、生态化，统筹推进绿色产业发展和产业绿色化转型升级，建设绿色生态产品和提高服务水平。推动生态与旅游、教育、文化、康养等跨界融合。发展绿色金融，支持绿色技术创新，打造生态产业链，推动生态价值实现。另一方面，推行绿色生产生活，推进清洁生产，扩大绿色产品消费，广泛宣传简约适度、绿色低碳、文明健康的生活理念和生活方式，形成崇尚绿色生活的氛围。持续改善环境质量，深入开展大气污染综合防治工作，加强对水环境的治理和保护，提高土壤污染和固废危废防治水平，深化环境治理体系改革。加强生态保护和

修复，严格生态空间保护。坚持山水林田湖草系统治理，全面实施国土绿化提升行动。持续扩大绿色生态空间，不断夯实宿州绿色生态本色。完善重要生态系统保护制度。深化林长制改革，发展林业新兴产业和新业态。培育林木产业集群，促进林下经济高质量发展。推进河湖饮用水源保护区的划定和立界工作，加强对水源涵养区、蓄滞洪涝区、滨河滨湖带的保护。强化各类自然保护地管理。全面推行河长制、湖长制，将河长湖长体系延伸至村一级，做好湿地、湖泊生态环境保护工作。完善生物多样性保护，严厉打击非法捕杀和交易野生动物的行为，维护生态系统平衡。

5.开放宿州战略

深入贯彻落实习近平总书记在扎实推进长三角一体化发展座谈会上的重要讲话精神，围绕一体化和高质量，全面实施长三角一体化发展专项行动，推动全方位、高质量一体化发展。充分发挥承东启西的区位优势，推进更大范围、更宽领域、更深层次对外开放。依托强大的国内市场和区域市场，开拓合作共赢新局面。提高宿州市对外开放水平，进一步优化营商环境，深入推进"放管服"改革，营造良好市场环境，降低进出口环节制度性交易成本。引入多元化投资者，激发市场主体的竞争活力。按照程序申请设立综合保税区，提高宿州市对外贸易水平。构建开放合作平台。推动开发区、海关特殊监管场所和口岸建设，积极参与和承办重大展会活动，进一步引入和搭建具有较强影响力和承载力的投资促进、贸易合作、对外交往的国际化合作平台。

（三）战略目标与阶段

到2035年，基本实现社会主义现代化远景目标。根据党的十九大对实现第二个百年奋斗目标分两个阶段推进的战略安排，展望2035年，宿州将与全国全省同步基本实现社会主义现代化，实现更高质量发展，经济实力、科技实力和产业竞争力迈上新台阶。经济总量和城乡居民人均收入较

2020年翻一番以上，综合实力进入全省第一方阵，人均地区生产总值基本达到全省平均水平。创新能力进一步跃升，基本实现新型工业化、信息化、城镇化、农业现代化，建成现代化经济体系。实现更高水平融合，对外开放形成新格局。与长三角一体化发展机制高效运转，基础设施和公共服务全面实现互联互通。现代化综合交通体系和现代流通体系基本形成，参与区域经济合作和竞争新优势明显增强。实现更高效能的治理，人民平等参与、平等发展的权利得到充分保障。法治宿州、法治政府、法治社会基本建成。平安宿州建设达到更高水平，各方面制度更加完善，社会治理体系和治理能力现代化基本实现。实现更高程度的文明，建成创新型文化强市、教育强市、人才强市、体育强市的健康宿州。新型工农城乡关系更加协调，国民素质和社会文明程度达到新的高度，文化软实力显著增强。实现更高品质生活，碳排放达峰后稳中有降，广泛形成绿色生产生活方式，基本建成绿色生态美丽宿州。城乡区域发展差距和居民生活水平差距显著缩小，人民基本生活保障水平与全省平均水平基本相当。基本公共服务实现均等化，人民生活更加美好，人的全面发展、全市人民共同富裕取得更为明显的实质性进展。

1.近期：2023—2025年

区域协调发展实现新优化。市域基础设施、产业体系、公共服务联通融合水平进一步提高，形成合理分工、竞相发展的格局。县域经济、园区经济在全省的位次进一步提升，传统基础设施网络布局更加完善，新型基础设施建设取得突破性进展。城镇化率与全省差距进一步缩小，乡村振兴战略全面推进，城乡与区域发展的协同性明显增强，争创城乡融合发展先行区。

城镇化水平和质量同步提高。灵璧县建设"全国新型城镇化示范县"工作取得突破性进展，创建若干省级新型城镇化示范县，新型城镇化建设有序推进。到2025年，常住人口城镇化率达到52%，户籍人口城镇化率超

过35%，实现常住人口城镇化率与全省差距、户籍人口城镇化率与常住人口城镇化率差距"两个缩小"。城市用地效率显著提升，人口城镇化和土地城镇化协调发展。每年实现十万农民进城，农业转移人口落户城镇的便利性、归属感、获得感大幅提升，城市可持续发展能力明显增强。城乡融合发展取得实质性进展，城乡发展差距和居民生活水平差距明显缩小。

产业集聚形成新格局。到2025年，初步形成"四核九基地多园区"的新兴产业集聚发展新格局，即以宿州高新区、宿州经开区、宿马园区、宿杭园区四大园区为核心，加快建设九大战略性新兴产业基地，打造多个特色产业园。在新一代信息技术、高端装备制造、生物医药、新材料等领域建成一批重大新兴产业工程和专项，加速形成产业特色鲜明、空间布局合理、功能协同互补的新兴产业载体体系。

生态文明建设实现新进步。国土空间开发保护格局得到优化，生产生活方式绿色转型成效显著，能源资源配置更加合理、利用效率大幅提高，主要污染物排放总量持续减少，大气、水、土壤、森林、湿地环境持续改善，生态安全屏障更加牢固，城乡人居环境明显改善，生态文明体系更加完善，打造国家生态文明示范区皖北样板。

民生福祉实现新增长。脱贫攻坚成果巩固，乡村振兴战略全面推进。民生投入比重持续增长，实现更加充分更高质量就业。居民收入增长高于经济增长，中等收入群体比例和城乡居民人均可支配收入基本达到全省平均水平。基本公共服务均等化水平明显提高，全市人民受教育程度不断提升。多层次社会保障体系更加健全，卫生健康体系更加完善。加快构筑共建共治共享的美好家园，人民生活品质持续提高。

改革开放实现新突破。社会主义市场经济体制更加完善，产权制度改革和要素市场化配置改革取得重大进展，公平竞争制度更加健全，市场主体更加充满活力。全面参与"一带一路"、淮河生态经济带建设，全方位推动淮海经济区协同发展，主动对接合肥都市圈、南京都市圈，大力加强与中国（安徽）自由贸易试验区、中国（江苏）自由贸易试验区连云港片区的对接合作，打造皖北改革开放新高地。

2.远期：2026—2035年

到2035年，改革的系统性、整体性、协同性进一步提高，资源保障有力，经济充满活力，生态环境优美，人民安康幸福的宿州市高质量发展目标基本实现，与全国同步基本实现社会主义现代化。

三、宿州市实现现代化的战略重点

（一）推进以县城为主要载体的新型城镇化建设

实施现代化中小城市培育工程，推动各县城按照中等城市标准规划建设高品质现代化I型小城市。支持砀山县打造全国农村电商物流发展引领区和全国康养休闲度假目的地。支持萧县打造省际毗邻地区协同发展先行区和宜居宜业宜游生态绿色发展示范区。支持埇桥区打造全国农村现代化示范区和省际毗邻地区新型功能区。支持灵璧县打造全国新型城镇化示范县和轴承特色产业集聚区。支持泗县打造全国农机装备特色产业集群和皖东北商贸物流中心。到2025年，各县城区常住人口均超过30万人，依法在人口较多的县城设置街道改革试点，支持有条件的县改为市，进一步拓展县城框架，改造老城区，完善新城区城镇功能，加快县城提质扩容和产城融合步伐。加快灵璧国家新型城镇化示范县建设，创建一批省级新型城镇化示范县。加快县城城镇化补短板强弱项，接续实施"555"工程，每年推进100项县级重点工程建设。进一步补齐县域医疗卫生设施、教育设施、养老托育设施、应急物资储备体系、市政交通设施、冷链物流设施等短板，促进县城公共服务设施提标扩面、环境卫生设施提级扩能、市政公用设施提档升级、产业培育设施提质增效。

（二）加快传统优势产业转型升级，聚焦新兴产业和未来产业

通过技术工艺创新、数字经济赋能和商业模式创新，进一步实施智能制造、绿色制造、服务型制造和工业基础能力工程，打造全链路、数字化、智慧化"制造大脑"。开展新一轮大规模技术改造专项行动，重点聚焦绿色食品、轻纺鞋服、家居建材、机械电子、煤电化工五大传统优势领域，推动传统产业高端化、智能化、绿色化转型。顺应新一代信息技术与实体经济、制造业和服务业深度融合的趋势，抓住长三角一体化、皖北承接转移集聚区、淮海经济区等战略机遇，发挥宿州产业基础和资源禀赋优势，加强产业引导，积极融入国内国际双循环格局。聚力构建新一代信息技术、高端装备制造、生物医药、新材料、新能源暨节能环保、绿色食品、数字创意七大新兴产业集群，加速培育量子通信、石墨烯、靶向药物、增材制造、虚拟（增强）现实等一批未来产业，配套发展科技服务、金融服务等一批生产性服务业，形成"711"的新兴产业发展格局。

（三）系统提升公共服务效能

合理规划公共服务设施布局，丰富公共服务供给主体，全方位完善公共服务要素保障体系，增强服务国家重要战略的能力。统筹规划设施布局，充分考虑服务半径、服务对象数量、年龄结构等因素，统筹规划布局公共服务设施和服务网点，合理控制规模，不"贪大求全"，构建多元供给格局。深化事业单位改革，加快推进政事分开、事企分开、管办分离，强化公益属性，提高治理效能。对于能够通过政府购买等方式提供的公共服务，不再直接由事业单位提供。鼓励社会力量通过公建民营、政府购买服务、政府和社会资本合作（PPP）等方式参与公共服务供给。大力培育发展社区社会组织、社会工作类社会组织和慈善组织。支持社区组织承接社区公共服务，引导社会工作者提供专业服务，动员志愿者参与公共服

务。发挥国有经济作用，支持国有经济参与公共服务发展并做大做强，有效推动国有资本在公共服务领域发挥保障作用。提高服务供给效率。充分运用大数据、云计算、人工智能、物联网、互联网、区块链等新技术手段，赋能公共服务智能化发展，提高公共服务的供给效率和质量。加快公共服务领域数据共享与流程再造，推动跨领域、跨部门、跨业务数据开放共享和融合应用。推动公共服务下沉延伸，拓展基层公共服务管理职能，打造专业化专职化的城乡社区工作者队伍。健全要素保障体系，强化财政支撑，优先保障基本公共服务财力需求，确保基本公共服务项目及标准落实到位，提高政府购买基本公共服务的力度。此外，还要重点加强公共服务队伍建设，强化用地保障和优化资源配置。

（四）推动宿州生态环境质量实现新提升

巩固提升生态环境质量。落实"三线一单"（生态保护红线、环境质量底线、资源利用上线和生态环境准入清单）生态环境管控要求，推动对生态环境的高水平保护。统筹推进山水林田湖草系统治理，加强对重点生态空间的保护监管，加大生物多样性保护力度，增加优质生态产品供给。持续巩固污染防治攻坚成果，实施全要素生态环境质量提升工程，以实现天更蓝、地更净、水更清、空气更清新，共同绘制宿州生态美丽画卷。推进生态环境治理数字化转型。构建生态环境信息资源共享数据库，迭代升级宿州生态环境监管平台，整合污染企业智能监管功能，扩展融合大气环境、水环境、固体废物、噪声、移动源等应用服务场景，打造集生态环境数据展示、生态数据应用、生态环境预警等为一体的大数据平台。大力发展绿色生态经济，健全以产业生态化和生态产业化为核心的生态经济体系，大力发展绿色低碳高效行业，加快绿色工厂和绿色工业园区的建设，实现生产方式绿色化清洁化。围绕国家及安徽省的碳达峰目标和碳中和愿景，开展宿州市二氧化碳排放达峰行动及重点领域专项行动。广泛推行绿

色生活方式。倡导全民绿色消费，加强宣传教育和引导，鼓励市民在"衣食住行用育游养"全领域践行绿色低碳生活方式。

（五）高站位推动区域交流合作

主动对接"合肥都市圈"和"南京都市圈"。聚焦合肥都市圈与宿州市优势产业契合度较高的新材料、电子信息、高端装备制造、生物医药、金融科技等主导产业，加速构建与合肥都市圈配套融合的现代产业集群。积极承接南京都市圈的生物医药、智能电网、半导体制造等先进制造业，全方位融入淮海经济区协同发展。积极对接徐州、淮北等城市，推进轨道交通、城市快速路等基础设施和公共服务设施的共建共享，促进社会事业融合发展，加强区域生态环境联控联防，构建便捷高效的都市通勤圈、优质生活圈、功能疏散承载地，打造"徐宿淮"城市组团核心增长极、淮海经济区副中心城市。全面参与淮河生态经济带建设，建立完善的跨区域生态建设和环境保护联动机制，加强流域综合治理和森林湿地保护修复，加快埇桥独立工矿区的搬迁改造，推进采煤沉陷区综合治理，参与建设沿淮生态屏障。加强经济带产业合作，促进文化旅游等服务业联动发展，推动与皖苏鲁豫交界地区的联动发展，打造省际协同合作示范样板。落实促进中部地区崛起的战略。加强与中原经济区、武汉都市圈的融合发展，主动对接京津冀协同发展，积极与中原城市群内城市合作。

四、宿州市实现现代化的对策建议

随着时代的变迁和经济的发展，宿州也面临着一系列新的挑战和问题。实现宿州的现代化建设目标，需要全社会的共同努力和支持。

（一）坚持党的领导

党的领导是最根本的保障和力量源泉。只有坚持党的领导，才能有效地推动各项工作，确保各项政策的贯彻落实，实现宿州的长远发展目标。党的领导是中国特色社会主义最显著的优势，也是我们事业成功的根本保障。在实现宿州长远发展目标的过程中，必须始终坚持党的领导不动摇，党的领导具有凝聚力和战斗力，可以动员广大人民群众积极参与社会建设，共同营造和谐稳定的社会环境。党的领导也是宿州发展的动力源泉，可以激发广大干部群众的创造力和积极性，推动宿州在各个领域取得更大成就。

（二）确保经济安全

宿州作为一个经济重镇，经济的稳定是发展最基本的保障。要加强监管，防范金融风险，增强产业竞争力，推动经济结构调整和转型升级。加强经济安全风险预警、防控机制和能力建设，实现重要产业、基础设施、战略资源、重大科技等关键领域安全可控。进行产业竞争力调查和评价工作，增强产业体系的抗冲击能力。确保粮食安全，维护水利、电力、供水、油气、交通、通信、网络、金融等重要基础设施安全。保障能源安全和战略性矿产资源安全。提高水资源集约安全利用水平。维护金融安全，贯彻落实地方金融监管规则和机制，建立完善市场化、法治化的金融风险处置机制，对违法违规行为零容忍，守住不发生系统性风险的底线。确保生态安全，维护新型领域安全。

（三）加快建设城乡融合发展先行区

城乡发展不平衡是当前宿州面临的一大问题。要加大对农村地区的支持力度，促进农村经济的发展，实现城乡资源的共享和互补，推动宿州全

域发展。完善城乡融合发展机制，促进城乡要素平等交换、双向流动。加快城乡基础设施一体化，完善统一的规划、建设、管护机制，构建城乡快捷高效的交通网、市政网、信息网、服务网。加快实施城乡接合部、镇村接合部的城镇化建设，推进高新区数字小镇、砀山酥梨小镇、马术小镇、泗县运河小镇、灵璧奇石小镇等省级特色小镇高质量发展，努力提升县城人口承载能力。推进城乡要素自由流动和合理配置，建立城市人才入乡激励机制，鼓励科研人员到乡村兼职和离岗创业，推动职称评定、工资待遇等向乡村教师、乡村医生倾斜。充分运用信息化手段推动优质公共资源城乡共享，推动5G网络等新型基础设施在农村布局。坚持以"三产融合"助推城乡融合，实现乡村经济多元化和农业全产业链发展。

（四）强化新质生产力赋能

新技术、新产业是推动宿州发展的新动力。要加大对科技创新的投入，打造创新驱动型发展模式，培育新的经济增长点，推动宿州实现经济的高质量发展。深化数字经济与第一产业、第二产业、第三产业的深度融合，加快推进数字产业化、产业数字化。依托高新区省级云计算基地，打造云计算全产业链生态圈，加快创建国家云计算大数据基地。丰富云计算大数据应用，开展智能制造试点示范。加强与阿里巴巴、腾讯、华为、京东等知名企业合作，共同推动数字农业产业带、智能制造、现代物流建设，打造产供销一体的数字经济高地。培育云计算基础制造产业，壮大数字创意产业，推动传统产业数字化升级。高效利用数字资源，积极对接省江淮大数据中心，全力推进"数字宿州"建设。加快建设智慧政务，实现政务数据和经济数据、社会数据资源归集整合、开放共享。提高公共服务、社会治理等数字化、智能化水平，全面推动"智慧城市"向"未来城市"升级。

（五）提高居民收入水平

人民是宿州发展的中心，要努力改善民生，提高居民收入水平，向广大居民分享发展成果。要扩大就业机会，加强社会保障体系建设，提高居民的生活质量。多措并举促进城乡居民收入合理增长，多渠道增加城乡居民财产性收入，完善工资合理增长机制，提升城乡居民工资性收入。完善机关事业单位工资制度和公务员激励保障机制，制定完善义务教育教师工资待遇有关政策，推动农民收入持续增长，增加一线劳动者报酬。提高低收入群体收入，扩大中等收入群体比重，不断缩小城乡、区域、行业收入差距，保护合法收入，取缔非法收入。

（六）推动生态环境社会共治

生态环境是宿州的绿色底色，保护生态环境是当前最重要的任务之一。要加大环保力度，推动生态文明建设，建设宜居环境，实现经济与生态的共赢。建立完善统一的信息发布机制，把握正确的舆论导向，主动发挥主流媒体和网络新媒体的作用，深入宣传生态优先、绿色发展理念，全面解读规划定位和重点任务。加强生态环境保护宣传教育，将生态环境保护纳入国民教育体系、职业教育体系和党政领导干部培训体系。提高全民生态环境保护意识，营造全社会共同参与生态环境保护的良好氛围，充分发挥相关责任主体的积极性、主动性和创造性。

参考文献

［1］宿州市人民政府.宿州市人民政府关于印发宿州市矿产资源总体规划（2021—2025年）的通知.2022.03：24-46.

［2］谢振安，吴澳霞.安徽省资源型城市转型效率分析及趋势预测［J］.淮南师范学院学报，2022，24（03）：46-51.

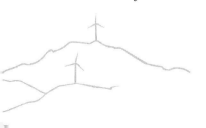

［3］范合君，何思锦.现代产业体系的评价体系构建及其测度［J］.改革，2021（8）：90-102.

［4］马青，施红卫，于子淇，等.青岛市优化医保公共服务的实践与创新［J］.中国医疗保险，2021（02）：60-63.

［5］严贝妮，李泽欣.长三角城市群公共文化服务政策研究［J］.图书馆论坛，2023，43（6）：66-75.

［6］乐先莲.中国式现代化视域中的生态文明建设：现实之困与教育之为［J］.南京师大学报（社会科学版），2023（2）：56-67.

［7］以改革创新推进中国式现代化事业［N］.《光明日报》2023-03-03（11）.

［8］安树伟.《山西迈向高质量发展之路》［M］.太原：山西经济出版社.

当本书的最后一章画上句点，心中既有如释重负的欣慰，亦有更深层次的思考。《资源型地区现代化》的写作初衷，既是对中国式现代化理论体系的学术探索，更是对资源型地区如何走出传统发展窠臼、迈向高质量发展的实践回应。这些地区承载着国家能源安全与资源供给的重任，却也因历史积累的结构性矛盾与环境压力，面临转型之痛与重生之难。如何以现代化之笔书写资源型地区的新篇章，是时代赋予我们的必答题。

在研究与写作过程中，我深刻体会到，资源型地区的现代化绝非简单的产业替代或技术升级，而是一场涵盖经济、社会、生态、文化的系统性变革。无论是历史积淀深厚的传统资源重镇，还是亟待破局的新兴资源型城市，其转型实践既彰显了中国式现代化的独特韧性，也揭示了必须直面的深层挑战。如何在资源依赖与创新驱动之间找到平衡？如何在生态修复与经济增长之间构建共赢？如何在历史包袱与未来愿景之间架起桥梁？这些问题鞭策着我们以更立体的视角审视现代化的多维内涵。

本书在对中国式现代化进行科学分析的基础上，系统阐释了资源型地区现代化的内涵特征与总体思路，并围绕推进新型城镇化、构筑现代化产业体系、构建现代化公共服务体系、建设现代化生态文明、构建高水平开放合作新格局五大核心维度展开深入研究，在此基础上，提出资源型地区

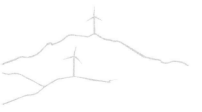

实现现代化的体制创新和对策。最后本书以安徽省宿州市为例，分析了宿州市实现现代化的思路与重点。

需要特别说明的是，中国资源型地区的多样性远超想象。从煤炭大省到有色金属基地，从成熟型城市到衰退型矿区，不同发展阶段、资源类型、区位条件的地区面临截然不同的现代化命题。本书虽力求提炼共性规律，但仍难以覆盖所有特殊性。这既是研究的局限，也恰是未来深化探索的方向——如何在统一的理论框架下容纳差异化的实践模式？如何通过动态跟踪研究捕捉转型中的新变量？如何将国际经验更有机地融入中国语境？这些问题仍需学界与政策界的持续对话。

值本书付梓之际，谨向为本书顺利完成及出版提供支持与帮助的单位和个人表示诚挚的感谢！感谢山西省社会科学院（山西省人民政府发展研究中心）郑素兰助理研究员为第六章、第七章、第八章撰稿，以及安徽大学李言松硕士研究生为第十章撰稿。感谢山西经济出版社的编辑，是他们的关心、支持和耐心使本书得以顺利出版。

资源型地区的现代化是一场永不停歇的自我革新，需要理论工作者与实践探索者携手共进。期待本书能成为一块引玉之砖，唤起更多学者关注这片承载着光荣与阵痛的土地，共同书写中国式现代化的资源型篇章。

最后，谨以此书献给所有在资源型地区现代化征程中默默奉献的人们。